总主编 林家阳

全国高等院校艺术设计专业
"十二五"规划教材

设计思维

叶 丹　张祥泉　编著

中国轻工业出版社　全国百佳图书出版单位

图书在版编目（CIP）数据

设计思维 / 叶丹，张祥泉编著. —北京：中国轻工业出版社，2020.9
　　ISBN 978-7-5184-0388-2

　　Ⅰ．①设… Ⅱ．①叶…②张… Ⅲ．①艺术 – 设计 Ⅳ．①J06

中国版本图书馆CIP数据核字（2015）第110410号

责任编辑：毛旭林
策划编辑：李　颖　毛旭林　　责任终审：劳国强　　封面设计：锋尚设计
版式设计：锋尚设计　　　　　　责任校对：燕　杰　　责任监印：张　可

出版发行：中国轻工业出版社（北京东长安街6号，邮编：100740）
印　　刷：北京富诚彩色印刷有限公司
经　　销：各地新华书店
版　　次：2020年9月第1版第4次印刷
开　　本：870×1140　1/16　印张：7.5
字　　数：300千字
书　　号：ISBN 978-7-5184-0388-2　　定价：49.80元
邮购电话：010-65241695
发行电话：010-85119835　传真：85113293
网　　址：http://www.chlip.com.cn
Email：club@chlip.com.cn
如发现图书残缺请与我社邮购联系调换
201118J1C104ZBW

编审委员会

顾问委员会

尹定邦 广州白马公司董事顾问

迈克尔·埃尔霍夫（Michael Erlhoff）
　　德国科隆国际设计学院（Kolen International School Of Design）创始院长

官政能 台湾实践大学教授/副校长

林学明 广东集美组总裁

学术委员会

尹小兵	王英海	王效杰	王　敏	付中承	申明远	刘　宁	刘瑞武	孙敬忠	何晓佑
吴继新	吴　翔	吴耀华	张来源	张美兰	李友友	李文跃	李　克	杜　莉	杜世禄
陈文龙	陈鸿俊	周利群	赵　燕	赵志君	姚　强	姜　鸣	桂元龙	顾　逊	夏万爽
徐　江	徐　南	徐征野	郭文志	黄春波	彭　亮	廖　军			

专家委员会

丁　勇	丁跃华	于会见	于晓芸	马玉锐	马　昀	马牧群	丰春华	王　文	王东辉
王有川	王安霞	王志勇	王贤章	王明道	王建国	王海燕	王继水	王继平	王清海
王景慧	王献文	王德聚	韦　国	韦剑华	方四文	文　红	尹传荣	尹春洁	邓　军
邓　凯	邓学峰	孔令科	叶国丰	叶柏风	田　正	丛　鹏	冯　凯	邢　燕	朱　霖
乔　璐	任学超	刘卫国	刘永业	刘永福	刘君政	刘　国	刘　彦	刘洪波	刘　洧
刘爱青	刘　爽	刘淑婷	刘鲁平	关金国	江广城	江　文	许淑燕	汪　梅	苏大椿
苏子东	杜玉平	杜　军	李　伟	李志红	李若梅	李茂虎	李　欣	李　波	李桂付
李　娅	李爱红	李　涵	李　斌	李新天	李群英	杨功元	杨　扬	杨　帆	杨丽娟
杨建宏	肖卓萍	肖　欣	时　思	吴纪伟	岑志强	佘　莉	余克敏	谷高潮	冷建军
冷　眉	宋志春	宋连凯	张丹丹	张立学	张苏中	张　利	张现林	张建松	张　勇
张　航	张　浩	张理晖	张　鸿	张新武	陆天奕	陆立颖	陆君玖	陈　广	陈子达
陈民新	陈庆奎	陈　彧	陈艳麒	陈晓莉	陈　铭	陈敬良	邵永红	林俐达	林　勇
林　涛	武建林	罗南林	罗润来	周向一	周　勇	周海涛	周静伟	郑丽萍	郑祎峰
封美言	赵　婧	赵瑞波	赵德全	胡国锋	胡明宝	胡美香	施荣华	闻建强	洪　波
贺万里	耿　强	莫　钧	索昕煜	贾银镯	夏文秀	钱志扬	钱明学	徐伟雄	翁志承
栾清涛	高金康	郭弟强	唐廷强	黄　远	黄　健	黄穗民	黄耀成	曹永智	曹　俊
脱忠伟	康　强	章滇予	梁小民	梁　萍	彭一清	彭艺娟	董　千	蒋雍君	傅颖哲
童铧彬	曾　强	谢　群	雷珺麟	虞建中	路铠铭	路照林	鲍丽雯	蔡炳云	蔡恭亦
管学理	廖荣盛	漆小平	谭浩楠	颜传斌	潘祖平	薛华培	薛志雄	薛　刚	戴丕昌
戴裕崴	戴　巍	魏庆葆							

序一
PROLOG 1

中国的艺术设计教育起步于20世纪50年代，改革开放以后，特别是90年代进入一个高速发展的阶段。由于学科历史短，基础弱，艺术设计的教学方法与课程体系受苏联美术教育模式与欧美国家20世纪初形成的课程模式影响，导致了专业划分过细，过于偏重技术性训练，在培养学生的综合能力、创新能力等方面表现出突出的问题。

随着经济和文化的大发展，社会对于艺术设计专业人才的需求量越来越大，市场对艺术设计人才教育质量的要求也越来越高。为了应对这种变化，教育部将"艺术设计"由原来的二级学科调整为"设计学"一级学科，既体现了对设计教育的重视，也体现了把设计教育和国家经济的发展密切联系在一起。因此教育部高等学校设计学类专业教学指导委员会也在这方面做了很多工作，其中重要的一项就是支持教材建设工作。此次由设计学类专业教指委副主任林家阳教授担纲的这套教材，在整合教学资源、结合人才培养方案，强调应用型教育教学模式、开展实践和创新教学，结合市场需求、创新人才培养模式等方面做了大量的研究和探索；从专业方向的全面性和重点性、课程对应的精准度和宽泛性、作者选择的代表性和引领性、体例构建的合理性和创新性、图文比例的统一性和多样性等各个层面都做了科学适度、详细周全的布置，可以说是近年来高等院校艺术设计专业教材建设的力作。

设计是一门实用艺术，检验设计教育的标准是培养出来的艺术设计专业人才是否既具备深厚的艺术造诣、实践能力，同时又有优秀的艺术创造力和想象力，这也正是本套教材出版的目的。我相信本套教材能对学生们奠定学科基础知识、确立专业发展方向、树立专业价值观念产生最深远的影响，帮助他们在以后的专业道路上走得更长远，为中国未来的设计教育和设计专业的发展注入正能量。

教育部高等学校设计学类专业教学指导委员会主任
中央美术学院　教授/博导　谭平
2013年8月

序二
PROLOG 2

建设"美丽中国""美丽乡村"的内涵不仅仅是美丽的房子、美丽的道路、美丽的桥梁、美丽的花园,更为重要的内涵应该是贴近我们衣食住行的方方面面。好比看博物馆绝不只是看博物馆的房子和景观,而最为重要的应该是其展示的内容让人受益,因此"美丽中国"的重要内涵正是我们设计学领域所涉及的重要内容。

办好一所学校,培养有用的设计人才,造就出政府和人民满意的设计师取决于三方面的因素,其一是我们要有好的老师,有丰富经历的、有阅历的、理论和实践并举的、有责任心的老师。只有老师有用,才能培养有用的学生;其二是有一批好的学生,有崇高志向和远大理想,具有知识基础,更需要毅力和决心的学子;其三是连接两者纽带的,具有知识性和实践性的课程和教材。课程是学生获取知识能力的宝库,而教材既是课程教学的"魔杖",也是理论和实践教学的"词典"。"魔杖"即通过得当的方法传授知识,让获得知识的学生产生无穷的智慧,使学生成为文化创意产业的使者。这就要求教材本身具有创新意识。本套教材包括设计理论、设计基础、视觉设计、产品设计、环境艺术、工艺美术、数字媒体和动画设计八个方面的 50 本系列教材,在坚持各自专业的基础上做了不同程度的探索和创新。我们也希望在有限的纸质媒体基础上做好知识的扩充和延伸,通过教材案例、欣赏、参考书目和网站资料等起到一部专业设计"词典"的作用。

为了打造本套教材一流的品质,我们还约请了国内外大师级的学者顾问团队、国内具有影响力的学术专家团队和国内具有代表性的各类院校领导和骨干教师组成的编委团队。他们中有很多人已经为本系列教材的诞生提出了很多具有建设性的意见,并给予了很多方面的指导。我相信以他们所具有的国际化教育视野以及他们对中国设计教育的责任感,这套教材将为培养中国未来的设计师,并为打造"美丽中国"奠定一个良好的基础。

教育部职业院校艺术设计类专业教学指导委员会主任

同济大学 教授 / 博导 林家阳

2013 年 6 月

如何提高创造主体的思维能力,尤其是启发初学者的创新能力,一直是现代设计教育的重要课题。研究表明,人的大脑个体之间的物理差异很小,但在大脑运用上人与人的差距巨大;心理学家已经证明了人的智商差异并没有想象的大,但现实中人的思维能力却是千差万别。这里面与其说是大脑的差距,不如说是思维模式的差距。

不管是工作还是学习,人们越来越离不开工具来帮助解决遇到的各种具体问题。工具本身并不具备创造的功能,只有在被人使用的过程中才能产生创造的结果。但在教学中,教师还是习惯于详细讲解譬如"锤子"的功能和作用,考试的时候就会出现"什么是锤子?""锤子的功能和作用是什么?"之类的考题。如果学生按标准答案做出来了,就算掌握了"锤子"的知识,至于是否会使用就不得而知,更何谈运用这种工具来进行创造性工作?从中可以看出我们还是习惯用"知识灌输"的方法来进行创新教育。

有一种说法,设计思维是无法教的,只能启发和培养。包豪斯有同样的观点:艺术设计是无法传授的,但设计技能是可以通过学习而获得的,所以格罗皮乌斯校长聘请了手工艺人担任工作室导师。包豪斯诞生距今已将近一个世纪,期间创造学、认知心理学等新型学科得到了飞速发展。从新的观点来看,设计思维能不能习得,关键是对"教"如何理解,知识灌输型的方法恐怕难以承担,所以应该以改变思维模式和认知方式,由学生自主建构知识,来获得创造所需的动力。

本教材的教学要点:在必要的理论知识讲授之后,主要通过训练课题让学生以个体或团队形式参与创造性的解题活动,这些题目基本上没有标准答案,在课堂上营造一种让学生灵活使用不同思维工具的机会,并且在师生之间、学生与学生之间彼此交流中提高创造力的教学气氛。本书的叙述方式:包括教学目的和要求、大量的练习题以及学生作业,试图真实呈现教学过程,本书可以作为工业设计、产品设计、包装设计、视觉传达设计等专业基础课程的教学用书。在此,感谢杭州电子科技大学艺术设计专业师生对本课题研究和教学提供的支持。

叶丹
于杭州下沙高教园区
2015年3月6日

课时安排

建议课时64

章 节	课 程 内 容		课 时
第一章 设计思维概论	一、课程导论	1. 什么是设计	3课时
		2. 什么是设计思维	
		3. 怎样学好设计	
	二、方法论原理	1. 发生认识论概述	5课时
		2. 方法论的课堂讨论	
第二章 设计思维与实训	一、项目一：设计思维	设计课题1：发散思维	15课时
		设计课题2：非文字思维	
		设计课题3：类比思维训练	
	二、项目二：手脑联动	设计课题1：探索可能	18课时
		设计课题2：机能设计	
		设计课题3：构造结构	
	三、项目三：设计研究	设计课题1：思考视觉化	18课时
		设计课题2：设计研究	
第三章 设计作品赏析	第一节 思维视觉化作品赏析	1. 思维视觉化优秀作品	5课时
		2. 学生课程作业	
	第二节 手脑联动设计作品赏析	1. 榫卯结构设计作品	
		2. 仿生设计作品	
		3. 机能设计作品	
	第三节 实验设计作品赏析	1. 人体支撑物作品	
		2. 空间隔断作品	
		3. 设计实验作品	

目录 contents

第一章　设计思维概论　　　　　　　　　　　　　　　　　　　　　　　　　　　　**010**

　第一节　课程导论　　　　　　　　　　　　　　　　　　　　　　　　　　　　011
　　　1. 什么是设计　　　　　　　　　　　　　　　　　　　　　　　　　　　011
　　　2. 什么是设计思维　　　　　　　　　　　　　　　　　　　　　　　　　012
　　　3. 怎样学好设计　　　　　　　　　　　　　　　　　　　　　　　　　　014
　第二节　方法论原理　　　　　　　　　　　　　　　　　　　　　　　　　　　015
　　　1. 发生认识论概述　　　　　　　　　　　　　　　　　　　　　　　　　015
　　　2. 方法论的课堂讨论　　　　　　　　　　　　　　　　　　　　　　　　016

第二章　设计思维与实训　　　　　　　　　　　　　　　　　　　　　　　　　　　**021**

　第一节　项目一：设计思维　　　　　　　　　　　　　　　　　　　　　　　　022
　　设计课题1：发散思维　　　　　　　　　　　　　　　　　　　　　　　　　022
　　　1. 课题要求　　　　　　　　　　　　　　　　　　　　　　　　　　　　022
　　　2. 案例解析　　　　　　　　　　　　　　　　　　　　　　　　　　　　022
　　　3. 知识点　　　　　　　　　　　　　　　　　　　　　　　　　　　　　022
　　　4. 设计实践　　　　　　　　　　　　　　　　　　　　　　　　　　　　023
　　设计课题2：非文字思维　　　　　　　　　　　　　　　　　　　　　　　　025
　　　1. 课题要求　　　　　　　　　　　　　　　　　　　　　　　　　　　　025
　　　2. 案例解析　　　　　　　　　　　　　　　　　　　　　　　　　　　　025
　　　3. 知识点　　　　　　　　　　　　　　　　　　　　　　　　　　　　　027
　　　4. 设计实践　　　　　　　　　　　　　　　　　　　　　　　　　　　　028
　　设计课题3：类比思维训练　　　　　　　　　　　　　　　　　　　　　　　029
　　　1. 课题要求　　　　　　　　　　　　　　　　　　　　　　　　　　　　029
　　　2. 案例解析　　　　　　　　　　　　　　　　　　　　　　　　　　　　029
　　　3. 知识点　　　　　　　　　　　　　　　　　　　　　　　　　　　　　031
　　　4. 设计实践　　　　　　　　　　　　　　　　　　　　　　　　　　　　031
　第二节　项目二：手脑联动　　　　　　　　　　　　　　　　　　　　　　　　035
　　设计课题1：探索可能　　　　　　　　　　　　　　　　　　　　　　　　　035
　　　1. 课题要求　　　　　　　　　　　　　　　　　　　　　　　　　　　　035
　　　2. 案例解析　　　　　　　　　　　　　　　　　　　　　　　　　　　　035
　　　3. 知识点　　　　　　　　　　　　　　　　　　　　　　　　　　　　　038
　　　4. 设计实践　　　　　　　　　　　　　　　　　　　　　　　　　　　　040
　　设计课题2：机能设计　　　　　　　　　　　　　　　　　　　　　　　　　044
　　　1. 课题要求　　　　　　　　　　　　　　　　　　　　　　　　　　　　044
　　　2. 案例解析　　　　　　　　　　　　　　　　　　　　　　　　　　　　044
　　　3. 知识点　　　　　　　　　　　　　　　　　　　　　　　　　　　　　046
　　　4. 设计实践　　　　　　　　　　　　　　　　　　　　　　　　　　　　047

设计课题 3：构造结构 049
　　　　1. 课题要求 049
　　　　2. 案例解析 049
　　　　3. 知识点 051
　　　　4. 设计实践 055
　第三节　项目三：设计研究 060
　　　设计课题 1：思考视觉化 060
　　　　1. 课题要求 060
　　　　2. 案例分析 060
　　　　3. 知识点 064
　　　　4. 设计实践 066
　　　设计课题 2：设计研究 070
　　　　1. 课题要求 070
　　　　2. 案例分析 070
　　　　3. 知识点 075
　　　　4. 设计实践 077

第三章　设计作品赏析 079

第一节　思维视觉化作品赏析 080
　　　1. 思维视觉化优秀作品 080
　　　2. 学生课程作业 083
第二节　手脑联动设计作品赏析 087
　　　1. 榫卯结构设计作品 087
　　　2. 仿生设计作品 090
　　　3. 机能设计作品 100
第三节　实验设计作品赏析 104
　　　1. 人体支撑物作品 104
　　　2. 空间隔断作品 110
　　　3. 设计实验作品 114

参考文献 119
学习网站 119
后记 120

第一章
设计思维概论

第一节　课程导论

第二节　方法论原理

第一节 课程导论

1. 什么是设计

图1-1是获得2002年美国优秀工业设计金奖作品。[①]用于正确固定医用导管的特殊装置,它的创新性不仅有效地防止了插在患者身上的导管被不慎拔掉的危险,而且是一种低成本的新产品。该作品是像包裹在手上的纱布一样令人安心的外形设计,减少了为固定导管而使用大量的胶带。这个设计解决了生活中常见的"小问题",其中没有高科技成分,外观也不"独特",那么设计者凭借何种能力获得了2002年美国优秀工业设计金奖这份殊荣呢?

图1-2中左图是2002年德国"红点"获奖作品。[②]它的独特概念是酒标不是纸质标签,而是采用浮雕形式,可以通过触觉认知品牌。另一个重要概念是"环保"。同样是啤酒瓶,图1-2右图是另外一个环保概念的设计。概念的形成来源于一个小故事:荷兰喜力啤酒公司的总裁阿尔福德·喜力到安德列斯群岛旅行时,发现人们居住的简易小屋和街道上到处都有被丢掉的喜力啤酒瓶。于是他产生了一个一箭双雕的主意造"生态啤酒瓶"。他一改圆形瓶造型,而是四四方方的,可用作砖头成为建筑材料。这种将产品的功能以不同的角度去审视的方法影响着后来的设计师们。它至少告诉人们设计灵感无所不在。这一设计在自然资源越来越缺乏的今天和将来显得尤为有价值。中国是酒类消费大国,环视一下超市中的各类酒瓶造型,尤其是白酒瓶设计可谓是花样百出,设计概念绝大多数是为了"引得消费者的青睐",直接原因是为了促销,而很少出于如环保、易用性等原因。

图1-3是日本建筑师坂茂设计的卫生纸。[③]这个设计的特别之处是卫生纸的内芯是方形的,其目的显然不是为了形态上的标新立异,而是为了在使用时产生一点"不方便"——不那么滑顺地抽下纸来,还会伴随着发出"喀嗒——喀嗒"的响声。据说这种响声会在使用者的心理上造成节约资源的暗示。此外,由于圆芯卫生纸在排列时,彼此间会产生很大的间隙,而方芯卷筒卫生纸在包装上可以节约更多空间。从而降低了运输成本。

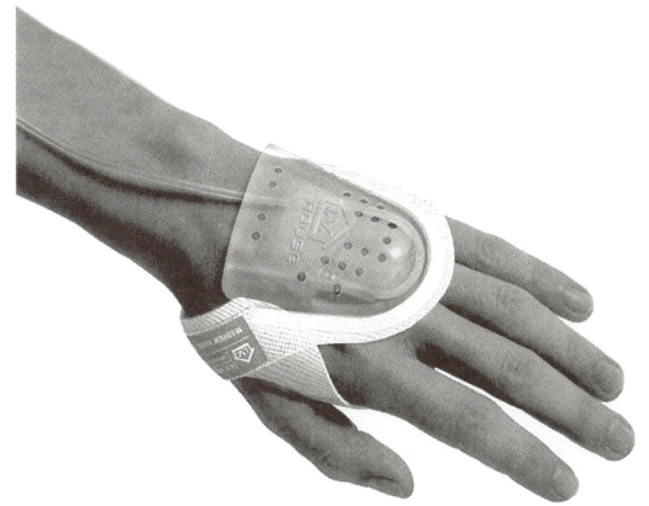

图1-1 静脉注射装置

图1-2 环保啤酒瓶

图1-3 方芯卷筒卫生纸

---

① 资料来源:《21世纪顶级产品设计》。
② 资料来源:《产品设计》杂志。
③ 原研哉. 设计中的设计. 济南. 山东人民出版社,2006。

上述案例被认为是"设计"的经典。设计已经被人们所熟知并广泛运用，在不同语境下被赋予不同的含义：工业设计、建筑设计、工程设计、社会设计、城市规划设计、机构形象设计，等等。《现代汉语词典》中"设计"词条的解释为："在正式做某项工作之前，根据一定的目的要求，预先制定方法、图样等。"显然，此处"预先"一词成为"设计"最重要的特征。也就是说，无论什么领域，为"未来"提供计划和方案，并通过视觉的方式传达出来的，都可以称为"设计"。例如，工程师把选择零件配合的过程描述为"设计"；平面设计师则以"图形创意"引领视觉设计新潮流……

当然，这些都是"设计"的一部分，虽然这些行为本身的特征大相径庭：工程师的设计与"数据准确、结构严谨"的"工程"语言为特征，而造型设计师则以"形象独特、神采飞扬"之类的"艺术"语言见长，"工程"与"艺术"之间以"设计"为纽带联系着理性与感性、严谨与浪漫。

日本武藏野美术大学教授原研哉在《设计中的设计》一书中认为："设计不是一种技能，而是捕捉事物本质的感觉能力和洞察能力。所以，设计师要时刻保持对社会的敏感度。"[1]这段话他似乎在生活和设计之间加上了一个"约等于"的符号。他还说："时代向前发展，并不一定就代表文明的进步。我们的立足之处，是过去与未来的夹缝之间。创造力的获得，并不是一定要站在时代的前端。如果能够把眼光放得足够长远，在我们的身后，或许也一样隐藏着创造的源泉。"[2]

所以，设计不仅仅是创造"时尚"的东西，更多时候是对已经存在的东西做更合理的设计。英文里有Redesign一词，是"再次设计"的意思。"再设计"是一个很好的概念，它让设计回到了原点。由于它是在充分考虑社会、环境、资源等因素下的设计观念，是一种可持续发展观，有的学者把它包含在"绿色设计"的概念中，其包含的内容有：

Reduce——浪费最小化，提高对能源利用的警惕；
Resource——可更新的自然材料，可长期供应；
Remake——低成本，容易拆解，产品报废后零件可重新利用；
Recreate——消费者可定制的设计，加强消费者和物品间的长期关系；
Respond——社会化设计，与其他产生关系；
Remind——用历史塑造特性，提醒人们珍爱那些持续利用的资源；
Reuse——发挥现有物品零件的创新应用；
Recycle——废弃材料的再加工；
Reclaim——利用合法的废弃材料。[3]

2. 什么是设计思维

设计，本质上是一系列创造性的思维活动。所以，初学者最想了解的是：面对复杂而不确定的问题，设计者是如何思考的？

"思考"是动词，"思维"是名词，本书把"思考"当作过程来叙述。

"思考""思维"和"设计"一样被广泛地应用在日常生活中，常常有这样的说法：

"值得思考的是我们是如何走到今天这一步的？"——这是一种回忆；
"金融危机后的思考"——这是一种反思；
"思考一下，下一步该怎么走？"——这里的"思考"意味着一种对今后的期望和推理。

"回忆""反思""期望""推理"这些词的背后都是在运用人类特有的想象力，"想象"和"设计"一样具有多样性和不确定性。

对"思维"的研究，其实就是对人类自身的研究。有关思维的系统研究却是20世纪的事。最初的行为主义心理学派试图从单纯的"刺激—反应"之间的直接关系来解释思考过程，认为思考实际上只是一种潜在的语言或者"自言自语"；发生认识论的创始人皮亚杰（Jean Piaget，1925）从研究儿童思维发展过程后提出人类发展的本质是对环境的适应，这种适应是一个主动的过程。不是环境塑造了儿童，而是儿童主动寻求了解环境，在与环境的相互作用过程中，通过同化、顺应和平衡的过程，认知逐渐成熟起来；直到格式塔心理

---

[1] 原研哉. 设计中的设计. 济南. 山东人民出版社，2006：190.
[2] 原研哉. 设计中的设计. 济南. 山东人民出版社，2006：15.
[3] 产品设计杂志. 46期. P69.

学派的出现对探索设计思维有了实质性意义。格式塔将"思考"更多地视为一种"过程"和"组织",而不是一种机械化行为。格式塔的代表人物韦德海默(Max Wertheimer,1959)认为,所谓解决问题就是去捕捉事物之间的结构性联系,通过重组发现一条解决问题的途径。他还进一步发现,这种对事物在心智层面上的重组,只有通过运用多种智力模式才能获得。

格式塔心理学家巴特利特(Batelite,1958)对人在脑海里是如何再现外部世界的方式进行研究,在其重要著作《思维:实验心理学和社会心理学的研究》中提出了"图式"的观点。图式代表一种对过去经验的主动性总结,它可以用来构成和说明未来。在一系列实验中,巴特利特要求被试对象先用大脑记住一些图像,几周后再进行回忆,并重新绘制出来,以此证明了人对事物的记忆程度取决于对事物有所理解,甚至是欣赏,才会形成合适的图式。这与皮亚杰的《发生认识论》中的观点是相似的。

认知心理学家在研究中发现,思考与感知之间有许多相似之处。"假设思考有两个阶段:第一阶段思维非常活跃,就像计算机内部的运算一样,大致想法在看到或听到某些事物之前就已成形;第二阶段开始有意识的注意细节、深思熟虑,真正的思考工作是在该阶段完成的。第一、第二阶段的历程和发展,始终会以第一阶段被记住的事物以及被组织的方式为基础进行。认知理论非常关注人们组织和保存感知事物的方式。对某事回想不起来,类似于视而不见。感知和思考中注意力会引导我们的思路,因而对解决问题至关重要。"①

此外,从思维的类型上存在两种不同的特点:一种是理性的、合乎逻辑的思考过程;另一种是直觉的、充满想象的思考过程。这两种思考方式分别称为"收敛型"和"发散型"。收敛型思考要求具有推理和分析的技巧,以获得一个清晰正确的答案,这种能力一般认为多应用在科学研究中;发散型思维则采用跳跃的、不受限制的方法,以寻求多种可选择的方案,其中的方案很难有所谓的最佳方案。举个例子:如果征求"回形针的用途",回答可以作搭扣、书签之类的,属于收敛型思维;如果回答蚊香支架、开锁钥匙之类的,就属于发散型思维。前者可以用"智商"来评价,后者用"创造力"来评价。由于设计很少会一下子找到好的解决方案,因此需要一个发散型的思考过程。但并不是说在设计过程中不需要收敛型思考,相反,尤其在设计后期,收敛型思考起着相当重要的作用。

人类对本身的"思维研究"刚刚开始,本书仅对设计思维做一些探讨(这里所指的设计思维指工业设计、建筑设计、包装设计、环境设计等)。其特征是既有逻辑思维,又有形象思维和非逻辑思维。设计过程虽然需要使用语言、尺度、计算等思维工具,但更多的是涉及形态、色彩、感觉、空间等内容,思维成果是图纸、模型等形象性的方案。由此看来,设计师在素材收集、构思表达、方案陈述等方面更多运用的是视觉思维。"视觉思维"的概念最初是由美国哈佛大学心理学教授鲁道夫·阿恩海姆(Rudolf Arnheim,1969)在其同名专著中提出的。还首次提出了"视觉意象"(visual image)在人类的一般思维活动、尤其是创造性思维活动中的重要作用和意义。视觉思维不同于言语思维和逻辑思维,其创造性特征是:"一,源于直接感知的探索性;二,运用视觉意象操作而利于发挥创造性想象作用的灵活性;三,便于产生顿悟或诱导直觉,也即唤醒主体的无意识心理的现实性。"②

美国斯坦福大学教授、心理学家麦金(R. H. McKim,1982)还提出了观看(vision)、想象(imagination)和构绘(composition)三种能力相结合的视觉思维教学模式。麦金认为视觉思维是借助三种视觉意象进行的:其一是"人们看到的"意象;其二是"用心灵之窗所想象的";其三是"我们的构绘,随意画成的东西或绘画作品"。"虽然视觉思维可能主要出现在看的前前后后、或者仅仅出现在想象中,或者大量出现在使用铅笔和纸的时候,但是有经验的视觉思维者却能灵活地利用所有这三种意象,他们会发现观看、想象和构绘之间存在着相互作用"。③

设计思维是解决创新挑战的一种重要方式,IDEO总裁蒂姆·布朗认为,纯粹以技术为中心的创新观念和基于既有思维模式与策略的管理哲学都无法独立面对国

---

① 布莱恩·劳森. 设计思维——建筑设计过程解析. 北京:知识产权出版社,2007:108.

② 傅世侠,罗玲玲. 科学创造方法论. 北京:中国经济出版社,2000:342.

③ 麦金. 怎样提高发明创造力. 大连,大连理工大学出版社,1991:13.

内外社会发展带来的全新挑战，我们需要超越上述两种方式的第三种方式，即基于设计思维的设计过程中心的整合式方法。这种方法的核心就是设计思维，一种有影响力、高效、可广泛采用的创新方式。设计思维始于人以及人所处的社会，人和社会的需求是创意的起点，而非技术或者其他。设计思维不仅以人为中心，还是一种全面的、以人为目的、以人为根本的思维。设计思维依赖于人的各种能力：直觉能力、辨别模式的能力、构建既具功能性又能体现情感意义的创意的能力，以及运用各种媒介而非文字或符号表达自己的能力。这种方式可以被整合到从商业到社会的所有层面中去，个人或团队可以用它创造出突破性的想法，在真实世界中实现这些想法并使它发挥作用。设计思维就像轮子中的轴，而非链条中简单的一环，通过设计思维可以整合与兼顾人们的要求、技术可行性和商业化需求，从而创造出人们喜爱的各种产品或服务。① 设计思维作为一种创新方式可以广泛运用于社会生活的各个方面，各种领域和各行各业的人员。

3. 怎样学好设计

学习设计首先面对的一个问题是"怎么学"，更重要的问题是"怎么教""教什么"。这些看上去简单明了的问题其实是个"世界难题"，众说纷纭，就像"设计"的定义一样根本就没有"标准答案"。著名的包豪斯设计学校就曾经认为设计是无法教的。类似的问题有：大学中文系毕业生很少能成为作家，大牌导演斯皮尔伯格、张艺谋、冯小刚也不是从导演专业毕业的。

包豪斯的观点：设计虽然不能教，但工艺和手工技巧是能教的。所以在包豪斯设计学校里不分教师和学生，只有师傅和徒弟，通过车间这个特殊的教学场地，使学生从工艺上掌握各种生产技术，再经过艺术大师如康定斯基的艺术课程完成设计教学。今天看来，这样的车间明显带着手工艺的色彩和局限性，但它对20世纪直至今日设计界的重要影响依然不可忽视。近几年来国内许多艺术学院的"工作室制"就是受这种影响的结果。

现在的设计院校都在不同程度上开始建立各种"工作室"，但要正常运作还需要时间，尤其是体制上的配套。比如，包豪斯的每个车间都有经验丰富的技术工人，在我国目前的教育体制内，技术工人的学历和考核都成了

问题。但作为实践性很强的设计学科，"动手能力"培养是至关重要的，这一点在国内外设计教育界里已成共识。

那么，除了学习"动手能力""设计技能"外，设计思维如何开发？可以教吗？现在的"设计专业课程"教学绝大多数是借助"艺术"的手段来提高学生对"型"的把握能力，在观念上把造型能力等同于设计能力。在艺术课程中教师经常会提到的一个词就是"设计感觉"。一个学生感觉差就意味着很难学好"设计"。"怎样才能感觉好？"，老师说："天分很重要！"这成了国内设计教育中的"盲点"。

日本设计师原研哉在《设计中的设计》一书中有一段关于感觉的描述："所谓感觉，就是以这样一种很难说清的方式互相渗透、互相联系在一起的。人不仅仅是一个感官主义的接受器官的组合，同时也是一个敏感的记忆再生装置，能够根据记忆在脑海中再现出各种形象。在人脑中出现的形象，是同时由几种感觉刺激和人的再生记忆相互交织而成的一幅宏大图景。这正是设计师所在的领域。我从事设计多年，积累了许多这方面的经验，并依照这些经验进行着工作，同时，这种自觉也越来越强。"②

这段话中的两个关键词："记忆再生装置""交织成图景"成了产生"感觉"的关键步骤。这些特征印证了瑞典认知心理学家皮亚杰"发生认识论"中的某些观点，我们可以通过学习这个理论为我们"怎样学设计"找找门道。在此向大家推荐几本书阅读：

[1]（瑞士）皮亚杰著，王宪钿等译，《发生认识论原理》，商务印书馆，1997年；

[2]（瑞士）皮亚杰，英海文格著，《儿童心理学》，商务印书馆，1981年；

[3]（瑞士）皮亚杰著，《儿童的心理发展》，山东教育出版社，1982年；

[4] 雷永生，王至元等著，《皮亚杰发生认识论述评》，人民出版社，1987年；

[5] 郭辉勤著，《创意经济学》，重庆出版社，2007年。

课堂讨论要求：

1）以八个人左右自由组成一个学习小组，推选一名

---

① 蒂姆·布朗. 设计改变一切. 沈阳：万卷出版公司，2011：4.

② 原研哉. 设计中的设计. 济南，山东人民出版社，2006：72.

组长，一名书记员；

2）每一个学习小组内部要有分工，分别从图书馆借阅有关书籍、互联网上搜索有关"皮亚杰""发生认识论"等有关信息。由组长协调每个同学重点阅读哪个部分，在小组讨论时各自将重点阅读部分向大家做交流，书记员做重点记录，并负责整理向全班做交流；

3）初次阅读可能会有理解上的困难，多读几次就不难理解了。小组内要有一名同学能流畅地讲清"发生认识论"的基本原理。其他同学至少准备生活学习中的一个例子来参加学习小组的讨论。书记员要记录每位发言同学的姓名和发言的基本内容；

4）对"发生认识论"原理可以赞同，也可以反对，但要说出理由。

讨论题目：
1）"发生认识论"的四个基本概念具体指哪些内容？
2）结合自己的学习经历来验证"发生认识论"的原理。赞同、反对都可以，并说出理由。

第二节 方法论原理

1. 发生认识论概述

从皮亚杰的原著和有关研究文献可以看出，发生认识论有两个特征：一是发生认识论具有多学科的特征。皮亚杰一生对生物学、哲学、心理学和逻辑学都有精深的研究，使得发生认识论建立在多学科的坚实基础上；二是发生认识论对儿童心理进行了重点研究。皮亚杰终生不离对儿童生理和心理的研究，这占了他著述的绝大部分。皮亚杰之所以选择对儿童心理进行重点研究，除儿童心理学是心理学的一个重要组成部分外，主要原因是儿童心理相对单一、容易观察和进行验证。如果没有对儿童心理学的大量研究，皮亚杰的发生认识论就难以产生。在阅读皮亚杰的论著时要把握这两把钥匙。

发生认识论有四个基本概念，即"图式""同化""顺应"和"平衡"。

"图式"——是指动作的结构或组成。这些动作在相同或类似环境中由于不断重复而得到概括。所谓的图式，相当于人们常说的模式。

"同化"——是在认识过程中，将环境因素纳入人脑已有的模式结构中，以加强和丰富人脑的动作，引起这些结构模式的量的变化。

"顺应"——是人脑中的模式不能同化客体，必须建立新模式或调整、修改原有模式，引起原有模式质的变化，从而使人脑适应环境。

"平衡"——是同化与顺应两种机能的平衡。

在皮亚杰看来，人认识事物的发展顺序，从出生到成年都遵循这样的过程：每遇到新事物，在认识中就试图首先用原有的模式去同化，如获成功就达到认识上的平衡；反之，便做出顺应，即调整修改原有模式或建立一个新的模式，去同化新事物或新问题，以达到认识上的新的平衡。可见，如果有认识上的平衡，便没有认识的发展；认识的平衡是动态的、发展的。

皮亚杰所说的"图式"是指动作的结构或组织。这些动作在相同或类似环境中由于不断重复而得到迁移或概括。这里的"结构"不是解剖学意义上结构，而是一种认识的功能结构。在生理水平上，图式绝大部分的程序是遗传获得的。在认识水平上，图式可以代表一个分类系统，这一系统使认识主体能够对客体信息进行整理、归类、创造、改造。由于存在这样一个富有创造性的图式组织，认识主体才能有效地适应环境。组织是适应的内在方面，而适应是内部图式与外部环境进行斗争的结果；组织体现了环境的威力，也体现了图式的能动作用。

皮亚杰认为，任何图式都没有清晰的开端，它总是根据连续的分化，从较早的图式系列中产生出来，而较早的图式系列又可以在最初的反射或本能的运动中追溯它的渊源。因此，人的认识图式不是一成不变的，它是一个发生和发展的过程。如果从发生认识论的起点——儿童的反射活动说起，主体所具有的第一个图式是遗传获得的图式，也就是本能动作的图式。儿童不断地和客观外界发生相互作用，在这种相互作用中，非遗传的后天图式逐渐从低级阶段向高级阶段发展，也就是图式的建构过程。

皮亚杰认为，"同化"和"顺应"是人和环境两极之间的相互作用。"同化"和"顺应"这对范畴是适应理论的核心部分。它们概括了人脑从生物水平直至智力水平上都起作用的两种相辅相成的机能。也就是说，刺激输入的过滤或改变叫作同化；内部图式的改变，以适应现实，叫作顺应。同化在生物水平上，有生理同化，它的作用是对人脑摄入的物质进行改造，使之变为有机体组织的营养；在感知运动水平上，有心理同化，它表现为有机体把外部信息同化到动作结构中，使动作获得协调；在理性水平上，有认识同化，它表现为有机体把外部信息变为概念、推理的形式，以丰富主体的认识图式。

"顺应"是当客体作用于主体而主体的图式不适应客体时，主体调整和改变图式，使之适应客体的过程。与同化作用相应，"顺应"也存在于有机体从生物水平到认识水平的各个阶段。由于同化表明了主体改造的过程，而顺应表明了在客体的作用下主体得到改造的过程。所以，同化和顺应这一对机能代表了主客体间的相互作用。

同化和顺应的相互作用总要达到一种平衡状态，因此"平衡"是一个重要范畴。在适应活动中，主体和客体的相互作用，通过同化和顺应这些主体的内在机能表现出来。

皮亚杰之所以把平衡也作为一个重要环节，是因为一个有机体按照它所处的环境不同而有各种形式的平衡，从姿态上的平衡到体内的自动平衡。这些不同的平衡形式对于生命都是必要的，所以它们就是一些内在的特征；而持久的不平衡则构成了一种病态的有机状态或心理状态。既然不平衡是病态的生理或心理状态，它就绝不能产生客观的、完善的认识图式，因而也不能正确地认识客体。所以，发展的（认识）理论就必然要求助于平衡概念，因为一切行为都要在内在因素与外在因素之间保持平衡，都要在同化与顺应之间达到平衡。

同化和顺应之间的平衡不能只理解为一种状态，因为同化和顺应达到了平衡以后并不能一劳永逸，主体和客体的相互作用还要继续，同化与顺应的机制还要周而复始地发挥作用。同化和顺应每获得一次平衡，认识图式就会随之更新。随着同化和顺应从"平衡→打破平衡→再平衡……"地发展，认识图式也不断地由低级向高级发展。[1]

2. 方法论的课堂讨论

师：经过一周时间阅读皮亚杰《发生认识论》的有关文献，同学们对此理论应该有个初步的了解。有些同学认为大师的理论太过深奥，都是采用哲学语言来描述，短时间内有点难理解。从另一种角度看，正好说明了这样一个事实：我们平时接触哲学、心理学方面的书籍太少，脑子里有关这方面的"图式"就很有限，难以产生"同化"——也就是理解和联想，多看几遍也许就能产生"顺应"，达到"平衡"了。

好！现在我们就用皮亚杰所描述的认识过程来进行讨论，讨论的过程就是理解的过程。从皮亚杰描述的认识过程和原研哉描述的感觉过程发生认识论原理来解释的话，其灵感产生的过程是：当遇到设计问题时，设计者首先要努力调出他头脑中的图式进行对比（同化），一般来说，设计问题不会被旧图式完全相同（同化不成功），那么设计者头脑中这一图式便增加了一个需要修正的量，要创建一个新的图式来解决问题，设计成功，标志着"平衡"了同化和顺应；如果设计不成功，还得继续为寻找新图式而努力。通常新图式的建立是一个反复的过程，其间会经历失败，会导致设计的"平衡"阶段时间很长。原研哉所说的"记忆再生装置"就是图式搜索过程，"交织成图景"是同化和顺应的过程。

在所有的设计中，设计者的思路贯穿于图式、同化、顺应、平衡的整个过程。创新能力水平低的设计者在同化阶段就容易达到平衡，也就是把旧图式反复使用；而创新意识强的设计者在"顺应"阶段会花很多时间和精力探寻更多的图式，来达到新一轮的平衡。而设计者头脑中图式的积累是至关重要的。此外，我们只要认真回忆自己在小学、中学的学习经历，就能理解皮亚杰的这些观点。

生："发生认识论"这个名词第一次在叶老师的课上听到，就感觉玄乎，好像和我没啥关系。待仔细听了下去……感觉有点道理。与皮亚杰的第一次碰撞就这样开始了，却愁于找不到原著，只好在网上找寻资料。真正开始了解认识论却是在课堂讨论会上开始

---

[1] 郭辉勤. 创意经济学. 重庆：重庆出版社，2007：168.

的，小组同学重新把课件翻出来讨论，从儿童心理学到发生认识论，从图式到平衡模式，争论了半天，终于有了些收获。

同化模式在我脑海中的定义是将周围的刺激因素同构到已有的图示模式中；若不成功，只能调整已有的模式去适应周围的变化，这便是顺应模式。我试着去理解这些东西，对这些专业名词实在不怎么敏感。但是，我却从这些似乎早就懂得的理论中看到了更多的疑问，何时才能同化成功？何时又得顺应？两者的关系如何？诸如此类的问题蹦出来一大堆……带着这些问题，重新钻进图书馆，没想到又引出新的问题……

首先，对"同化"和"顺应"有了一个新的认识：同化和顺应有着相互作用的关系，"平衡模式"在这里起到非常重要的作用。因为不平衡是病态的生理或心理状态，就不能产生客观的完善的认识图式，也不能正确的认识客体。所以发展的认识论就必然要求助于平衡概念，因为认识过程都要在同化与顺应之间达到平衡。当然，同化与顺应的平衡不能只理解为一种状态，因为皮亚杰认为同化和顺应达到了平衡后并不能一劳永逸，同化与顺应还要反复发挥作用，也就是平衡—打破平衡—平衡，而认识图式不断地由低级向高级发展。那么，明白了这些道理又有什么用呢？对我学设计又有怎样的帮助呢？还不如从生活中最简单的东西去理解。譬如说，去买东西，经常会有这样的想法，"这个老板看起来比较老实，应该不会宰我"，"这衣服料子比较好""这个台灯比较漂亮""那牙刷刷起来应该很舒服"诸如此类的判断和认识，都是人们调用自己脑海中原有的图式进行比较的结果，而且是在瞬间做的判断，这些过程其实就是过去的模式去"同化"新事物吧？联系到专业学习，老师常说注意平常的积累才有利于创新。用皮亚杰的理论来解释是在认识事物时，"同化"的过程其实是我们调动脑海中对已有图式进行对照的过程，脑海中积累的图式越多，可供我们选择的余地就越大，就有更多的办法去解决问题。由此可见图式积累的重要性。但图式的积累不是一天两天的事情，这就要求我们有执著追求的精神，并勤于思考。

明白这么多的东西之后，再仔细理清头绪，发现这些理论其实在自己的潜意识中早就有感觉，只是知其然而不知其所以然。通过学习，才算真正地把这些东西"同化"了，心里甚是开心。课程上的读书活动让我在思想上有一个新的提升。毕竟，明白了这些道理也就懂得了学习的方法，是一笔财富。意外的是，在读书的过程中，居然蹦出了几个新构思，让我深深地明白了读书的好处。看到了自己的不足，想对叶老师说一句：我还需要继续读下去，请您多向我们推荐好书。（倪仰冰06012122）

生：我认为在"认识"的过程中，每一个环节的重要性都是不可言喻的。做为一名学习设计的学生来说，应该避免同化，多多顺应，这就是我的观点。就像对于一个新的设计任务，习惯上我们会拿已有同类产品的概念去套在新产品上，这样就无法达到创新的目的。我们应该学会把熟悉的东西陌生化，从原点开始我们的创新。刘传凯在《产品创意设计》一书中也提到了这一点，他认为对我们所设计的东西要给出一个新的描述或定义，比如，"照相机"可以被叫作或理解成为"形象留存器"或"照片拍摄器"，这样的思路会更宽泛一些。突然之间，你会有更多的选择，更广阔的视野。因此，给一个事物普遍的更宽松的描述会使设计者重新界定此物体。刘传凯的观点也验证了皮亚杰的观点。把照相机定义成"形象留存器"或"照片拍摄器"就是避免了同化，从而转向顺应，也就是创新，在这方面我们要跳出名词的藩篱。

所以，我们应该试着跳出同化的框框。在设计时避免同化，选择顺应去适应新的概念，开辟出一条新的思路去创造，肯定会有惊喜的发现。甚至认为何不像小孩子一样去思考、去看问题呢？小孩子头脑里的图式少，框框也少，当他遇到一个新的刺激时就会跳转到顺应阶段去适应新的事物，这样就更有利于新思维的产生。（徐源泉06014126）

生：我认为"图式"就是一个积累动作和模式的过程。而"同化"则是将认识过程中的元素纳入自己的模式库内，也可以说是自己已有的模式结构，结构是预先存在的。最重要的一部分应该属于"顺应"这一过程，这是建立新模式和调整、修改原有模式，也就是说，这是一个量到质的变化，是一个创新的过程。而"平衡"则是运用其原本模式和创新模式的阶段，在这个阶段可以运行自如。

就像学习犀牛三维设计软件，对我们来说是一个新事物。其软件模式在我们脑中还是存在的。各种产品的制作对我们来说是一个"图式"过程。到了一定阶段，也就是积累了一定的能力后，开始吸收和改变其制作方法，这是"同化"与"顺应"过程，"顺应"过程主要是利用已知的制作方法改造和优化，最后的"平衡"过程是自由操作的阶段。对四个阶段的一个疑问是："同化"和"顺应"从"平衡→打破平衡→再平衡……"的发展，认识"图式"也不断地由低级到高级发展。这句话是否可以理解为同化的过程中因为"图式"模式太少，需要不断地再吸收新图式和创造新图式来达到平衡，创新也在这过程中体现出来。（庄夏麒06090230）

生：初步接触这个理论，我印象最深的就是图式的积累，要创造就需要一定的知识功底和一定的思维能力。为什么一些知名设计师的都是阅历丰富的人呢？我想就是这个原因吧。结合自己的经历，感受颇深。在寒假里我参加了一个图标设计比赛，开始设计时，脑子里总会挑出一些有名的商标的图形，然后再慢慢结合设计的主题，在纸上比画一下，构造出一些基础图案和元素。由于对图标还是没有很直观的概念，所以最后设计出来的标志还是有些稚嫩，不够成熟，且图形也较为简单。现在网上公示投票，看了许多别人的作品，发现的确是不一样。从造型上来看，有些作品一眼看过去就能给人留下印象，并且富有文化内涵，而我的作品就显得没有深度了。上个学期帮学院里出了不少海报，但总觉得每一张都借鉴了一些别人的创意，缺少原创因素。学习"发生认识论"理论后，才知道这是正常现象。平时积累的多了，创新才会产生。我希望能够在学校学习期间多参观一些展览，都出去看看，哪怕是逛逛街都是一种积累，当然，也可以充分利用网络来增加自己脑中图示的数量，尽量充实自己。总之，"发生认识论"给我最大的启示就是要多积累。（陈鼎业06090236）

生：从课程中接触了皮亚杰和他著名的"发生认识论"。由于知识水平和时间限制，我很难有较深的认识。但对发生认识论的四个基本概念，即"图式""同化""顺应"和"平衡"，颇有感觉。"图式"即客观存在，不断的认识，即积累图式的过程，"同化"即将客观存在纳入已有的图式里。若不能同化，就必须适应新的模式，就需要"顺应"，而"平衡"是同化与顺应两种机能的平衡。看似复杂，其实能用我们学习的经历来说明。例如，我们学数学，一般都有一些"例题"，这就是"图式"，积累"图式"，做习题就是"同化"过程，如果遇上难题，那就需要变通一下，用已有图式，建立新的图式，最后把难题解决。对于他的研究成果，我没有质疑，原因是他深入研究了，而我还是初步了解。但我有些疑问，人有时候遇到完全陌生的东西，用已有的图式都没法同化，就只能顺应，那我们一般所说的直觉又是什么呢？经验丰富的人判断事物时直觉往往很准（如投资，用人……），如果说用已有的图式去同化新事物，那这样的图式应该比较特别一点，是自己的阅历在脑中的沉淀，而在关键时起了微妙的作用吧。我看发生认识论时，已自然而然地用脑里的图式尝试去同化，顺应它了。（郑文懿06012139）

师：皮亚杰在他的著作中反复强调，"智慧就是适应"。这里所说的"适应"，包括图式、同化、顺应、平衡这四个环节。这表明，智慧包含在图式、同化、顺应、平衡这四个环节中，而集中表现在"顺应"这个环节中。平衡阶段的结束标准，决定着顺应过程的长短，决定着新图式定型的质量。顺应阶段是设计灵感生成和确定的环节，在这里表现出的是一种"最高形式"的智慧。直觉是指不经过逻辑推理而认识事物本质的能力，其实是主体在某个领域长期积累的经验图式基础上的综合判断，是创造性思维的集中表现。在灵感的生成中，直觉决定了新图式产生的方向和出现的路径，它也许非常有价值，也可能没有价值，甚至可能是错误的。刚才这位同学提到的经验丰富的投资人的直觉往往是很灵的，生活中不乏这样的人，但这些"很灵"的直觉是建立在"经验丰富"之上的，也就说他头脑中有关投资的"图式"积累到相当多的程度。也就是说，没有长期从事某个行业所积累的丰富经验，直觉判断就难以"准确"。

生：学了一年多的设计，感觉又回到了"基础"，回到了原点。很喜欢叶老师现在的上课方式，如果大家都能充满激情去讨论，毫不吝啬地发表自己的想法，让思维碰撞出智慧的火花，那么我们的设计课将成为激发创意的熔炉。发生认识论的四个基本概念："图示""同化""顺应"和"平衡"是认识事物的基本顺序。从出生到成年，我们在认识一个新的事物之前，会不知不觉把日常生活或环境中不断重复的行为概括起来，形成一种概念。然后再去认识另外一个新事物，就会用这种概念去套，也就是同化。即便新的事物和旧的概念有很大差别，我们也会去改变或者建立新的类似概念去顺应，达到心理上的平衡。这就是我们大多数人的认识过程，无形之中把自己给同化了。不可否认，"同化"创造了很多奇迹，但是反复的同化最终会到达自己的"瓶颈"，尤其现在许多产品日趋"同质化"，太多的同化已经让人们产生"视觉疲劳"。既然同化已经变得多余，为什么不走一条看似"急功近利"的路呢？我们可以直奔"平衡"去，越过中间的"同化"和"顺应"。我的意思是指在图示的基础上，不再拘泥于旧的东西，而是主动去寻找大脑在第一时间产生的灵感，创造新的事物。我的感悟是：当今社会，人们越来越浮躁，大家巴不得"一夜功成名就"，学设计的也在进行"三级跳"，却把脚下的踏板给忘了。结果地基没建好，房子摇摇欲坠。知识在同化的同时，想法开始枯竭。人们还是不断地"视觉疲劳"。像一百多年前的包豪斯一样，踏踏实实地走好每一步，这样设计才不会"断节"。作为一个学生，我会端正态度，减少急躁心理，从基础做起，实现零的突破！（张峰06012136）

生："细读皮亚杰的《发生认识论》后，根据自己的理解，把认识过程用下面的图示作了一个梳理。（图1-9）人是一种复杂而感性的动物，对于事物的认识应该是很复杂的一个过程。而皮亚杰的研究表明人对于新事物的认识过程看似如计算机运行程序般那样理性。但在生活中人们是否真的如此认识新事物呢？在小组讨论时大家起先都找不到例子，中途有人说最近有人发明了一种"潜艇车"，这种车可以在水中行驶。这立刻引起了大家浓厚的兴趣，这样的事物以前可能只有在科幻小说或电影中才能看到。对于设计者的这种创造行为，我突然想到，这不就是皮亚杰发生认识论重要概念的体现吗？设计者在创造这种"潜艇车"时，脑中应该会构想，这种玩意到底应该长什么样。它是车，但又不同于一般的车，它会潜水。如何使它下水正常行进呢？对于这样一种新事物（当然是构想中的概念式新事物）如何想办法设计出来呢？原本的造车经验、技术似乎都解决不了问题。也就是同化过程失败了。这时候设计者势必要对原来的造车技术进行修改创新，引进了水下喷气系统，并加上呼吸设备为驾驶者和乘坐者提供氧气。这样就完成了一张完美的设计蓝图，最终制造出了成品。

类似的事例在设计行业中是非常普遍的。理解这个理论，对今后的设计应该会有很大的帮助。但我们是否一定要按照这种程式去搞设计呢。我认同自己以前读到过的一些设计理念，有时我们可以回到起点，回到"一无所知"的状态，对一种生活中常见的东西陌生化，重新对需要有这种功能的东西思考审视，以另外的形式去诠释这种东西。比如，为什么电脑显示屏是方的呢，圆的行吗？显示屏用来干什么的？是用来显示各种信息的话，那么我们可以通过别的手段去实现这个功能吗？就像我们从来没有见过目前为止出现过的各种显示屏。最近读原研哉的《设计中的设计》，个人觉得很有道理，尤其是"再设计"的理论。（江海波06012112）

生："从原点看设计"是这次课程的重点。老师并不仅仅出一个课题叫我们去做，而是改变以前的教学模式，从"基础"开始研究，探索设计思维的产生、发展的过程。对我来说，这种模式是非常适合的，也是必需的。结果固然重要，更重要的是过程。在课题设计之前，老师引领我们解读皮亚杰的《发生认识论》，刚开始看这本书，很多内容与哲学有关，非常深奥，很多地方都不能完全理解，但是经过仔细的品味，很有同感。在皮亚杰看来，人认识事物的发展顺序，从出生到成年都遵循这样的过程：每遇到新事物，在认识中就试图首先用原有的图式去同化，如获成功就达到认识上的平衡；反之，便做出顺应，即调整修改原有图式或建立一个新的模式，去同化新事物或新问题，以达到认识上的新平衡。如果没有认识上的平衡，便没有认识的发展；认识的平衡是动态的、发展的。我认同这个道理，没有认识上的平衡，怎么可能有发展、有创新？我们设计也是一样的，只有不断地去"同化"，不断地去接触优秀作品，为创新做铺垫。但是皮亚杰认为"同化不能使格局改变或创新，只有通过自我调节才能起这种作用。"所以在不断欣赏大师作品的同时，还需要通过自我调节，自我分析，将他们的各种理念转化成自己设计的源泉。这样的认识才有效。只有不断地认识，不断地扩展自己的知识，在大脑中存储大量的知识，才会有产生设计感觉。此外，皮亚杰认为"活动既是感知的源泉，又是思维发展的基础。"我们只有通过不断地交流，不断碰撞，才能产生心灵的火花，使自己的思维不断的被激活。独自一人是很难做出好的设计，因为一个人的知识和能力毕竟有限，几个人在一起就可以互相取长补短，

一个优秀的团队通过不断的碰撞才能产生心灵的火花。（褚志华06012106）

生：初读皮亚杰理论很难了解其精髓。如今读了第二遍，体会到了些许皮毛。首先，皮亚杰的教育观极为强调受教育者的积极主动性，而对传统教育方式，皮亚杰给予了批评。例如，"被动教育法"——教师主动地将知识传授给学生，学生只能被动地接受。而皮亚杰对学习的看法是，真正的知识乃是通过儿童，在环境中主动观察，探索，操弄得来的。而在被动教育法中，学生则缺少了一种主动探索，进行建构的历程，这并不是一个获取知识的好方法。皮亚杰认为传统教育乃是违反了儿童学习的自然规律，忽略了学习者在学习过程中的主观能动性。我觉得他的观点说得很有道理。首先，任何人都不愿意去做被动的事情，就算勉强去做也得不到最优的结果。在学习设计的过程中更是体现了这个道理。对一个要求或一个课题，我们不应当只是听老师怎么说就怎么做，而是应当主动学习。去了解它的内容和本质。当我们去探索它的内涵的过程，就是一个珍贵的学习过程。这样的主动学习过程才是受益匪浅的。（田一禾06012126）

师：本次讨论不求有一个统一的标准答案，赞同、质疑甚至反对都可以。讨论本身就是一种学习、建构知识的过程。通过对皮亚杰理论的解读，让我们了解了这位世界著名心理学大师的研究成果。这个理论事实上还催生了"建构主义教学思想"——目前欧美发达国家教育界流行的学习理论，其核心思想是以学生为主体，以教师为主导，鼓励学生自主学习、自主探究。由此可见一种新理论可以带来新的方法、新的视野的产生。建议同学们去图书馆借阅有关书籍，对我们怎样主动学习，安排好大学生活一定会有很大的帮助。

第二章
设计思维与实训

第一节　项目一：设计思维

第二节　项目二：手脑联动

第三节　项目三：设计研究

第一节　项目一：设计思维

科学研究表明，人的大脑个体之间的物理差异很小，但在大脑运用上人与人的差距巨大；心理学家也证明了人的智商差异并没有想象的大，但现实中人与人能力的差异却是千差万别的。这里面与其说是大脑或者是智商的差距，不如说是思维模式的差异。设计思维是解决创新设计挑战的重要方式，通过设计可以使设计者懂得如何更充分地发挥人脑的创造能力，开发出无尽的智力潜能。通过了解不同类型的设计思维方式，掌握多样化的思维工具，可以使创新设计来得更加游刃有余、得心应手。如何提高创造主体的思维能力，尤其是启发设计初学者的创新思维、提高创造力，一直是现代设计教育的重要课题。本节通过设置相应的设计课题，结合设计实践训练让设计者创新思维能力得到提升，掌握基本的思维方法和工具。

设计课题1：发散思维

1. 课题要求

课题名称：发散思维训练
课题内容：发散思维的原理与方法
教学时间：5学时
教学目的：1. 摆脱习惯思维模式，面对问题能提供多种解决方案；
2. 提高对生活细节的敏感度，能从周边的事物激发好奇心；
3. 在提高观察思考能力的基础上，提升视觉表达能力。
作业要求：1. 掌握多维思考的技巧，能"跳出框框"看待问题和解决问题；
2. 通过课堂训练，提高思维的流畅性、变通性和独特性；
3. 感知觉能力敏锐，并有清新的表达。
课堂作业：激发想象力游戏训练

2. 案例解析

小时候我们曾经遇到过这样的问题：树上有5只鸟，猎人打了一枪，击中1只，树上还剩几只？为什么？聪明的小朋友回答：没有了，因为1只掉在地上，其余的吓跑了。——这几乎成了这一"动脑筋急转弯"的标准答案。如果是其他答案就有可能被提问者笑话。那么还有其他答案吗？

如果我们在眼前建立一个"情景"，也许可以"找"出更多的答案。

答案1：还有5只。因为猎人使用的无声手枪，1只鸟被击落挂在树杈上，另外4只鸟没有听到任何声音；
答案2：还有4只。因为猎人使用的无声手枪，1只鸟被击中落地，另外4只没有听到任何声音；
答案3：还有3只。树上原有的5只鸟是一对配偶和3只雏鸟，1只中弹，1只飞走了，3只小鸟还不会飞，留在鸟巢内；
答案4：还有2只。1只中弹落地了，1只大鸟赶快叼着1只小鸟飞走了，还剩下2只不会飞的小鸟在鸟巢里；
答案5：还有1只。枪响后，击中的1只落下来搁在树杈上，另外4只全吓跑了……

由此看来，只要发挥一下想象力，从"1只也没有"到"还有5只"等的六个答案都可以。这就是发散思维，又称辐射思维、求异思维或分殊思维。它是指思维者根据问题提供的信息，不依常规，而是沿着不同的方向和角度，从多方面寻求问题的各种可能是答案的一种思维方式。

3. 知识点

发散思维是从所给的信息中产生新信息，着重点是从统一的源泉中产生各种各样众多的输出，这种思维既无一定的方向，也没有一定的范围，不墨守成规，不拘泥于传统方法，对所思考的问题标新立异，达到"海阔天空""异想天开"的境界，从已知的领域去探索未知的世界。发散思维所追求的目标是获得尽可能多、尽可能新、尽可能独创的、前所未有的设想、方法、行事、思路、解决方法等，简言之，就是要追求新思想的数量。在有时间限制的情况下，还要求尽可能短的时间内，实现上述目标。形象地说，发散思维沿着多条"思维线"向四面八方发散，能有效地扩展思维的空间，而习惯性思维则是一种单线性思维。单独的一根"思维线"受心理定势的牵引和约束形成思维定势。单独的"思维线"尽管以无比的勇气前行，却往往不能达到创新研究设计的目标。

从单独一根"思维线"向多条发展是需要经过一定量的训练。评价一个"发散性思维"训练课题有三个指标：流畅性、变通性和独特性。

流畅性是发散性思维量的主要指标，只要按照问题去发散，发散越多得分越高。变通性要求从不同的方面去发散，思维运算涉及信息的重组，如分类、系列化，甚至转化、蕴含，具有较大的灵活性和可塑性。独特性要求以新的观点去认识事物，反映事物，意味着思维空间的重新定式，难度最高。由于独特性更多地代表发散性思维的质，它在发散性思维三因素中有着特别重要的意义。以"铅笔"为发散题目为例：提出当作玩具、礼品、抒发情感的工具，可以认为具有"变通性"；而提出可以抽出铅芯当吸管使用、成捆铅笔当凳子使用——就具有"独特性"。

4. 设计实践

实践训练1：激发想象力游戏1
设计要求与步骤：
1）文字或图解形式不限；
2）每个想法要标序号；
3）答题完毕写上学号姓名，并交给课代表；
4）课代表将收上来的答题随机发给其他同学；
5）每位同学对拿到的答题进行评分，要写出三个指标的分数和总得分，写上评分者的学号交给任课老师；
6）评分标准：流畅性——以答题数量为得分值。如一共写出22个答案，得分为22分。变通性和独特性要根据定义来判断，要分别列出序号。如：变通性：①③⑧，独特性：⑤⑨。变通性每个答案为3分，独特性每个答案为8分（如图2-1所示）；答题时间为20分钟。

图2-1 筷子的用途及评分/温显晟

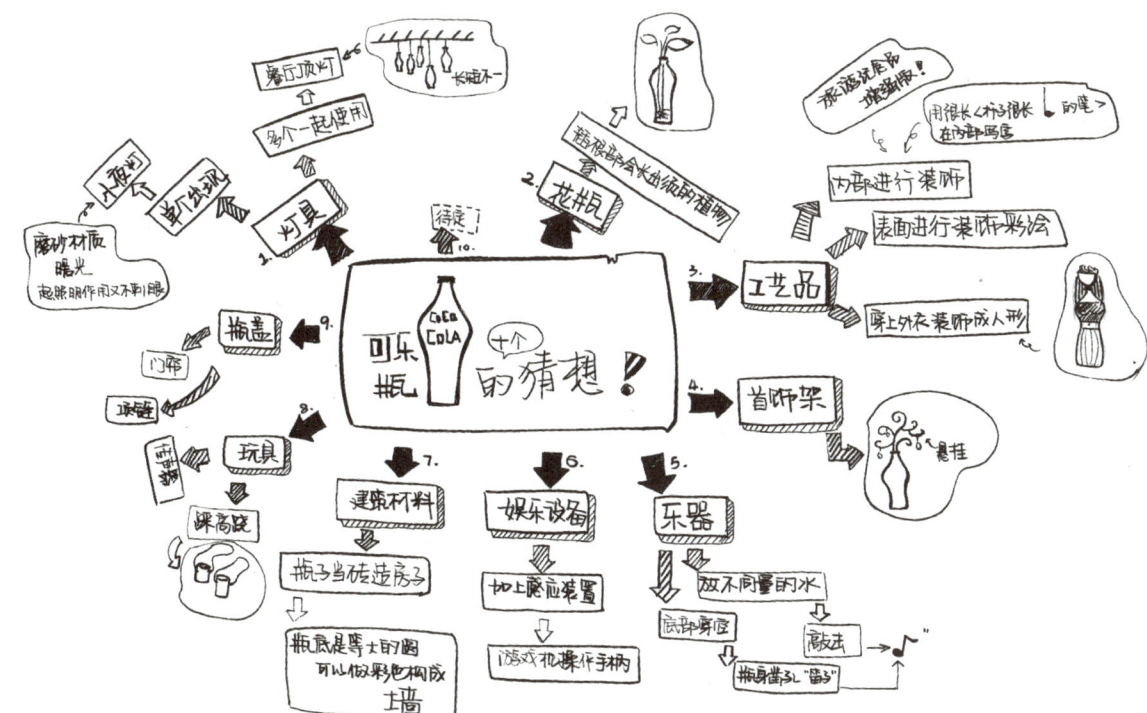

图2-2 可乐瓶的用途/徐吉人

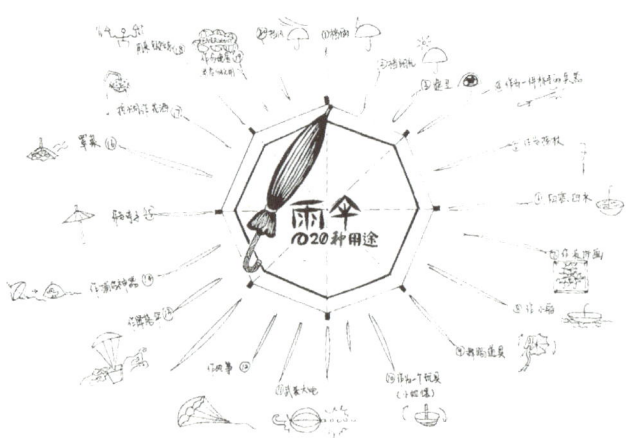

图2-3 雨伞的二十种用途/孙颖迪

发散思维训练题目：
- 20种以上雨伞的用途
- 20种以上筷子的用途
- 20种以上照明的方法
- 20种以上与钥匙圈组合的东西
- 20种以上可乐瓶的用途

实践训练2：激发想象力游戏2
设计要求与步骤：
1）文字或图解形式不限；
2）以现实生活为参照，不过多考虑技术性、可行性和可靠性等现实性要求，对各种可能进行充分的想象。

参考题目：
- 假如人类不需要睡眠
- 假如不停地下雨
- 假如天上有两个太阳
- 假如取消考试
- 假如树是蓝色的

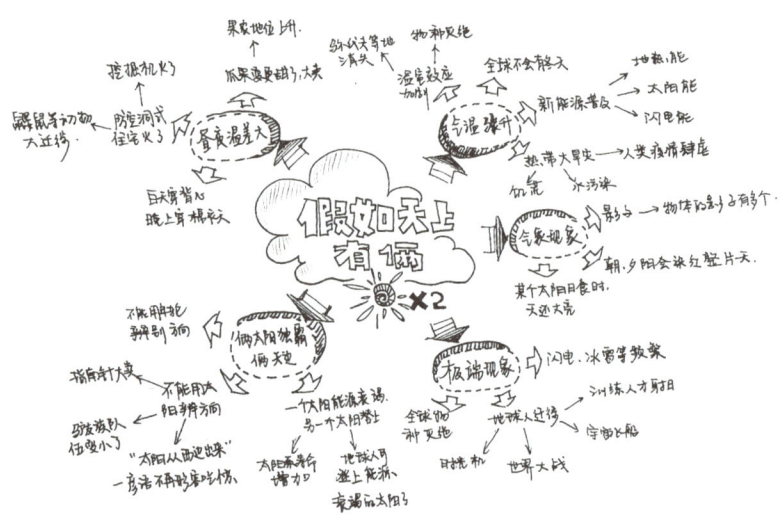

图2-4 假如天上有俩太阳/孙樱迪

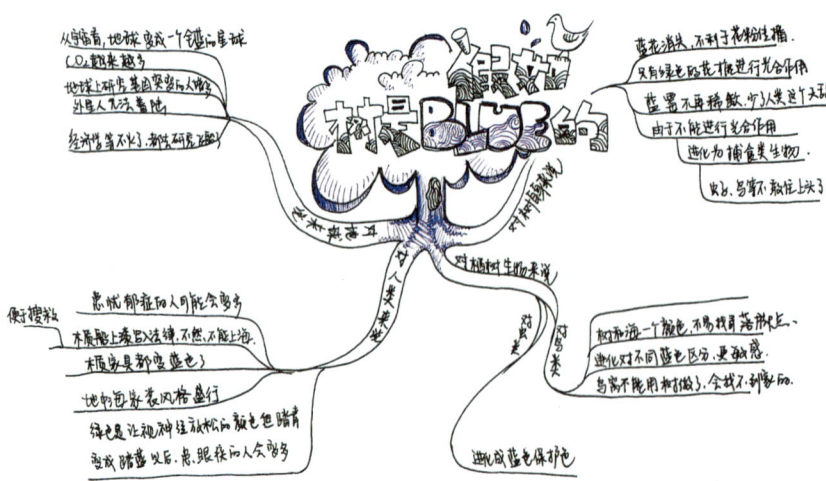

图2-5 假如树是蓝色的/王诗汇

设计课题2：非文字思维

1. 课题要求

课程名称：非文字思维训练
课题内容：形象思维的原理与方法
教学时间：5学时
教学目的：1. 提升学生的视觉思维能力和知觉思维能力；
    2. 在增强知觉感受能力的基础上提高创造力，并把激发出来的感受力和创造力运用到知识创新中去；
作业要求：1. 主要通过图解、图表或实物模型等非文字方式进行构思表达；
    2. 不必借助逻辑推理和"计算"，通过调动视觉、触觉能力提出解决方案。
课堂作业：麦比乌斯曲面训练

2. 案例解析

如果提问：战争的对立面是什么？

我们会不假思索地回答："和平"。作为一个词汇，和平只是一个抽象名词，或者说是一种概念。含义十分明确：没有战争。其实没有战争的状态和内容是很多很丰富的，只是"和平"的文字表述限制了我们的思维进行更广泛的联想。

我们可以非文字思考方式，开启对视觉画面的回忆（包括影视画面），用图像来描述：战争的具体场景可以描述为是一群人进入敌对阵营进行破坏性活动：杀戮和伤害那里的人，掠夺和破坏那里的财产等。那么战争的对立面可以描述为：一群人到友好的地区去进行建设性活动：帮助那里的人建筑公路铁路、修建房子和水利灌溉；大批技术、医务人员到受灾地区进行灾后重建、救死扶伤的活动；艺术家、演艺人员、运动员到友好国家进行文化传播、友好竞赛活动等。

战争的对立面可以演绎出很多场面，而"和平"很容易被理解成一种抽象的状态。其实，人们正常的工作学习、恋爱生活、旅游度假等状态都是"和平"的状态——也就是战争的对立面，如图2-6至图2-8是关于"郁闷""麻烦""痛苦"等概念的对立面所做的非文字思考。

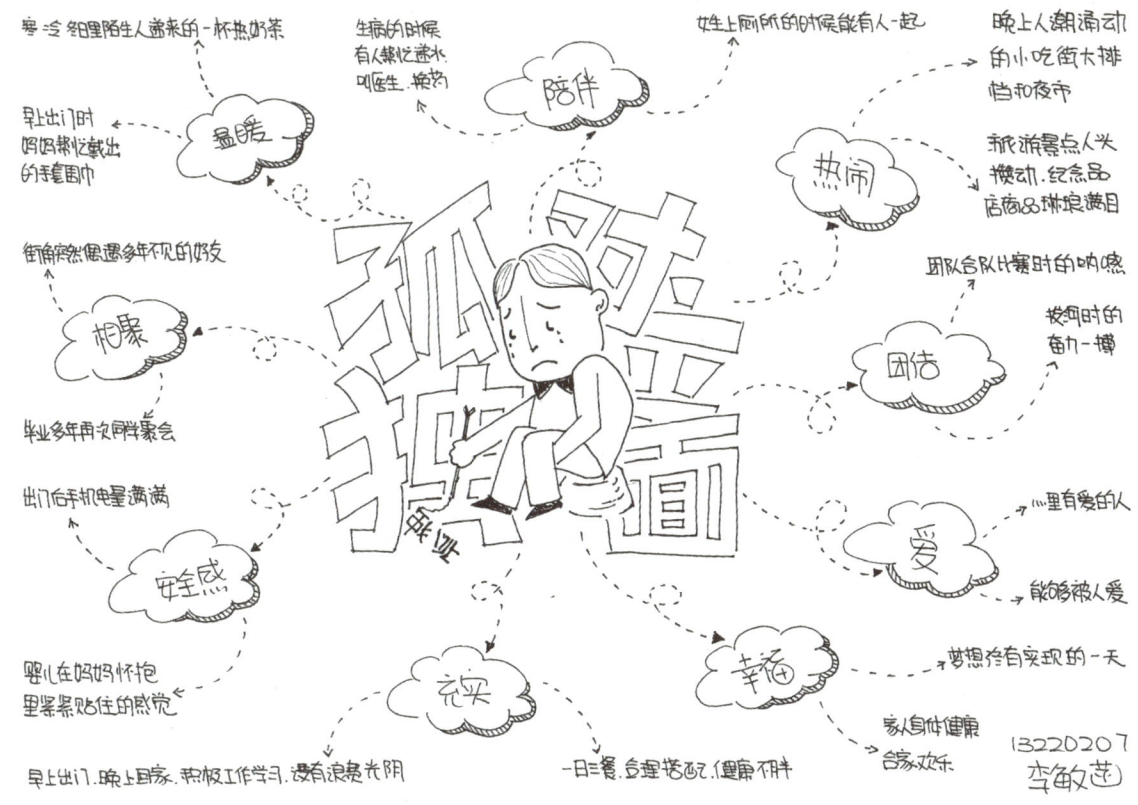

图2-6 孤独的对立面/李敏菡

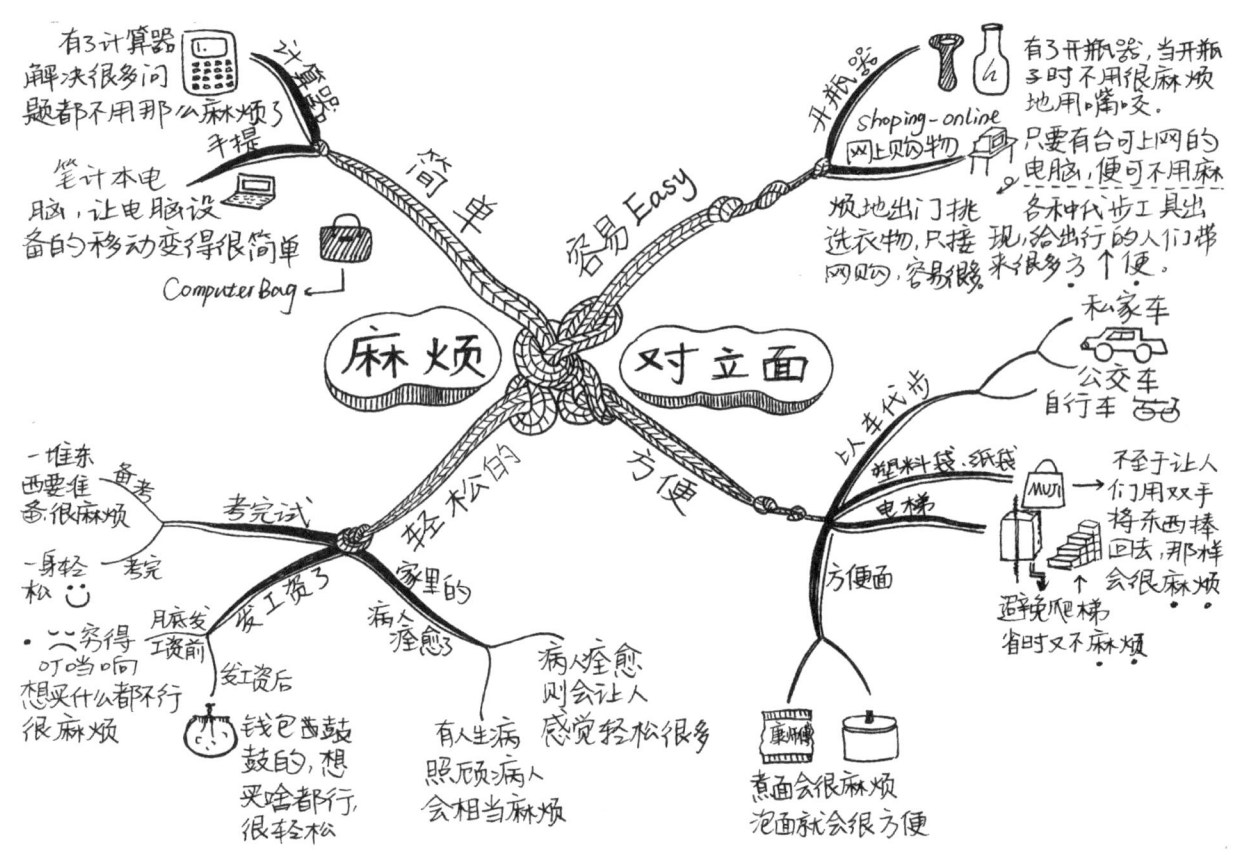

图2-7 麻烦的对立面/沈也

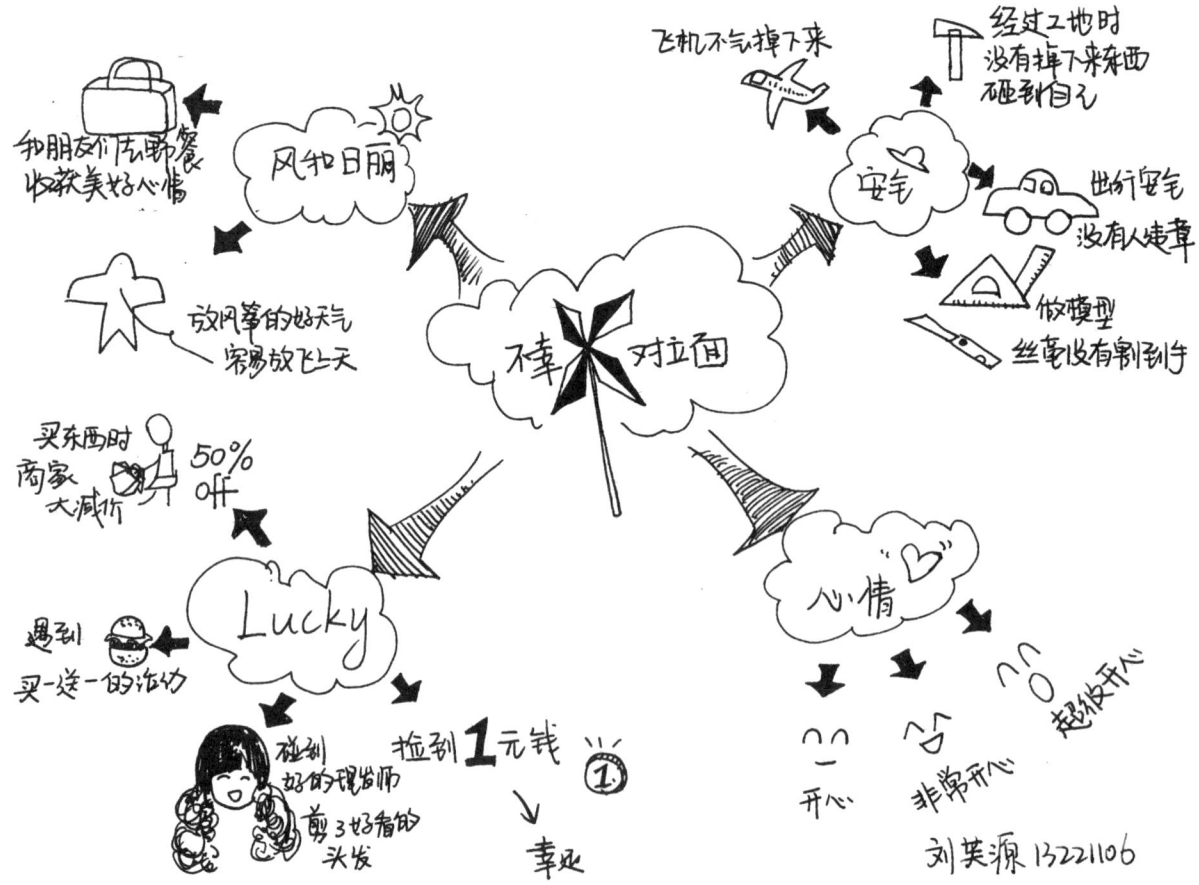

图2-8 不幸的对立面/刘芙源

我们会发现，同样一个问题，如果用文字回答可能只有一两个答案；而通过图形图像的想象，不同的人会有各不相同的答案。从图2-6至图2-8的设计练习中可以看出，面对"郁闷""麻烦""痛苦"这些概念时，每个人所指向的内容是具体的，也是各不相同的。面对生活中具体问题，有些是可以用文字来表达，有些就很难用确切的文字来描述。在创新设计中，用非文字思考并不等于一定好于文字思考，但它有助于产生不同概念的可能性。寻找尽可能多的可能性是创造性思维的重要特征。

除了以上方法，还可以运用其他图解、图表或实物模型等非文字思考的方法来寻找可能性。比如，麦比乌斯曲面，"麦比乌斯带"在数学中属拓扑型问题。是由德国数学家、莱比锡大学教授奥古斯特·麦比乌斯发现。这种带是由一条长纸带将其扭曲，然后将两端粘在一起就成了（见图2-9所示）。荷兰画家埃舍尔在1968年所作的蚀刻画形象地诠释麦比乌斯带的奥秘：几个蚂蚁在这个网架上永远走不到尽头（见图2-10）。这个名为麦比乌斯曲面的课题需要选择合适的材料以及凭借"视觉判断力"来设计制作"与众不同的麦比乌斯带"。

 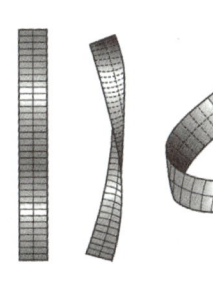 

图2-9　德国莱比锡大学教授奥古斯特·麦比乌斯和他的麦比乌斯带

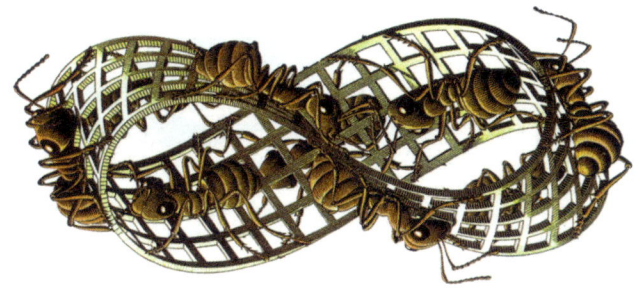

图2-10　红蚂蚁/埃舍尔

3. 知识点

现代科学研究证明，人的左脑负责语言、文字、分析、判断；右脑用意象进行思维，负责图形、色彩、音乐、影像等非语言系统。长期以来，我们的教育制度过度重视培养学生的语言与逻辑思维能力，而忽视右脑发展。从幼儿园、小学、中学，到大学教育，我们一直都在强化读、写、算的能力，而忽视感觉经验的获得。除极少数人能在艺术上有所发展外，大多数人在不断强化逻辑思维和语言表达的能力。阿恩海姆指责这种现象的存在是西方现代教育体系中存在的严重缺陷，并认为在教育领域中，正是这种过分强调读、写、算的教育，使学生在语言逻辑的思维能力方面不断得到加强，相应的视觉思维能力日益受到削弱和衰退。读、写、算教育的特点是：学生不能直接去感受那种鲜活的视觉意象，所能利用的只是一些间接获得的、条理化的、已经规范化的知识。在这种方式引导下的现代教育，难以发挥学生的能动性来进行自由选择，也难以摆脱现成规范或已有程式而由学生去直接地感受或体验事物的本来面目。所以，读、写、算教育尽管在个体认知发展的一定阶段是必要的，但在利用现成知识基础，突破已有规范进行创新活动，就很难有所作为了。

现有的教育方式，尤其是理工科教学比较排斥"感性""形象"的东西，认为这些属于艺术的范畴，这对创新意识和能力的培养大打折扣。阿恩海姆认为："科学家也同艺术家一样，通过创造形象来对他生活的外在世界和人类内心世界进行解释。当然，创造感性形象并不是一个科学家所做的唯一的事情。一个物理学家、生物学家或一个社会学家，要花费大量精力和时间来收集材料，检验它们的有效性，对它们进行测量和计算，以便验证自己的预言和假设。然而所有这样一些活动都只有是取得最终的发现和最终解释的准备，而要发现和解释又必须有感性的模型。正如亨利·波因卡罗（Henrg Poincare）所说'逻辑能帮我们证明，发现却必须依靠直觉'。"

教学中如何提高学生的知觉思维水平？在传授知识的同时提供鲜活的感性生活体验，提高学生对生活中的各种事物的感受能力，并把激发出来的感受力和创造力运用到知识创新中去。这对教师是一个挑战。美国斯坦福大学教授、心理学家麦金（R. H. McKim）为此做了积极的探索。在视觉思维理论指导下，麦金做了非常有价值的研究和教学实验，并在"创造性思维训练"课程上，提出了观看（vision）、想象（imagination）和构绘（composition）三种能力相结合的教学模式。

这三种能力都与视觉活动有关，在视知觉过程中通过对三者之间的相互作用，来提高学生的创造性思维能力。麦金认为视觉思维是借助三种视觉意象进行的：其一是"人们看到的"意象；其二是"用心灵之窗所想象的"；其三是"我们的构绘，随意画成的东西或绘画作品"。"虽然视觉思维可能主要出现在看的前前后后、或者仅仅出现在想象中，或者大量出现在使用铅笔和纸的时候，但是有经验的视觉思维者却能灵活地利用所有这三种意象，他们会发现观看、想象和构绘之间存在着相互作用"。

本节基于阿恩海姆的视觉思维理论和麦金创造性思维训练的教学实践为指引，设计具有知识性、趣味性、实验性的课题，引发学生关注生活中的事物、构造、材料以及相互间的关系。在增强知觉感受能力的基础上提高创造性学习的兴趣。需要说明的是本节训练课题没有标准答案，具有"无数解"的性质。此外，所有作品的作者在上大学之前没有受过专门美术之类的训练，都是以理科成绩考入工科型大学的学生。这些作品可能还够不上"艺术品"，但是通过感性训练课程后的作业形态与以往不可同日而语，常常让作者本人和同学们陶醉半天。好！我们试着打开视觉思维之窗，学会用感觉来表达，譬如图解、图表或模型，而少用文字、计算来表达。下面的两个课题在构思阶段就不必借助"计算"，试着调动视觉、触觉能力提出解决方案。

4. 设计实践

实践训练：麦比乌斯曲面（图2-11～图2-13）

设计要求与步骤：

1）在一张正方形的卡纸上任意剪一刀，然后作一个仅有一个面和一条边的麦比乌斯曲面。不要通过计算或画草稿来获得预想方案，直接对纸进行试作；

2）至少做10个草稿，探讨剪开的各种线型（直线或曲线）对整体造型的影响；

3）对10个草稿进行逐个评估，选择其中2个能充分体现纸材特性，曲面舒展、翻转自然的造型，并对其"任意一刀"的线型作反复修正，研究形成曲面变化的因素；

4）材料：卡纸210mm×210mm、8英寸（1英寸约为2.54厘米）纸盘、白乳胶。

5）工具：剪刀、美工刀、透明胶带等。

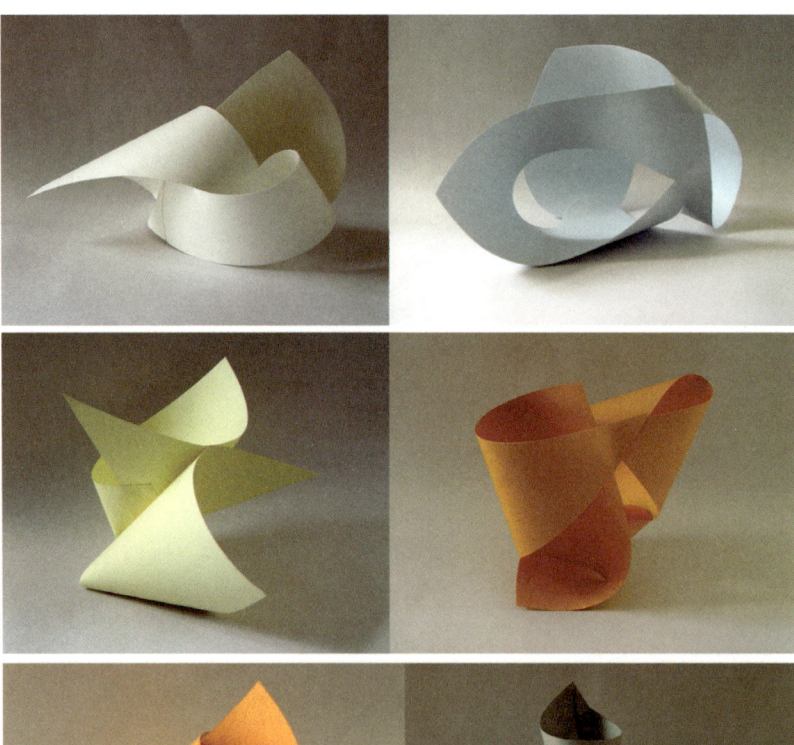

图2-11 麦比乌斯曲面设计/徐吉人、褚秀敏、赵彤丹、寿康、缪冰心、钱磊雄

图2-12 麦比乌斯曲面/沈国栋

图2-13 麦比乌斯雕塑设计/吴立立

形象定位：杭州电子科技大学学生活动中心广场雕塑。
形象寓意：以麦比乌斯形态构成一个流动、奔放的形象，展示出积极向上、充满希望的神态。
形象隐喻：开放、活力、进取、团结。

设计课题3：类比思维训练

1. 课题要求

课程名称：类比思考训练
课题内容：类比思考的原理和方法
教学时间：5学时
教学目的：1. 学习一种思考策略，类比把看起来毫不相关的事物联系起来，寻求解决问题的新思路；
2. 学会把一个事物的某种属性应用在与之类似的另一事物上，探索各种可行性；
3. 通过眼睛观察、动脑思考和动手制作，学习在比较中进行创新设计。
作业要求：1. 了解类比思考的原理，掌握同种求异和异中求同的思维方法；
2. 思维灵活并能自由表达，能体现思考过程，而不是对某现成品的模仿；
3. 模型制作精致，材料运用恰当。
课堂作业：1. 类比图解：用思维导图的方式，运用类比的方式以某一事物为参照对象，联想与之具有相似性的事物；
2. 仿生类比创新设计，运用仿生类比方法进行小产品设计。

图2-14 魔法兔牙签架/阿莱西

2. 案例解析

运用类比思考进行创意设计，是从看似不相干的另一事物中找到解决方案。仿生类比就是典型的运用类比思维设计案例。如图2-14所示阿莱西设计作品魔法兔牙签架，该作品采用隐喻类比的手法，借鉴魔术师变魔法的做法，将兔子从高礼帽中变出来，而且下面还藏有牙签，使一个日常生活中非常普通的取牙签的行为变得像变魔法一样非常有趣。达·芬奇是举世公认的杰出画家，从配有5000多幅插图的手记中可以看出，他所涉及的设计研究领域相当广泛，其中包括机械、建筑、水力、空气动力、声光学，等等，他不但是一位博学的设计大师，更是一位善于向自然学习的类比高手。如图2-15所示是达·芬奇手记中的直升飞机设计方案。他把水的流动类比与空气的流动，并用当时广泛用于水驱动的螺旋桨安装在直升飞机上。为了在空气中能垂直地把人"拉起来"，他把螺旋轴

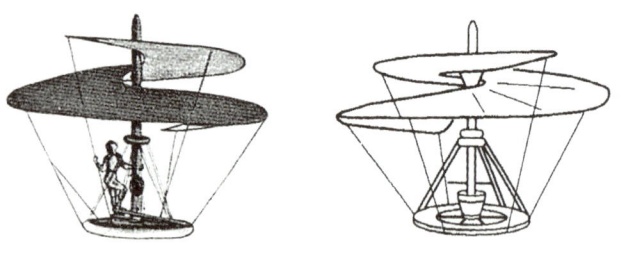

图2-15 直升飞机设计方案/达·芬奇

改为垂直方向。限于当时技术设备的限制这个设计方案最终没能升空,但其设计理念和外形已很接近今天的直升飞机了。

在设计中通过类比思维练习可以很好地找到各种创意的可能性,因此它经常是设计师寻找创意灵感的重要思维方法,如图2-16、图2-17所示就是运用类比图解的方式进行创意构思。

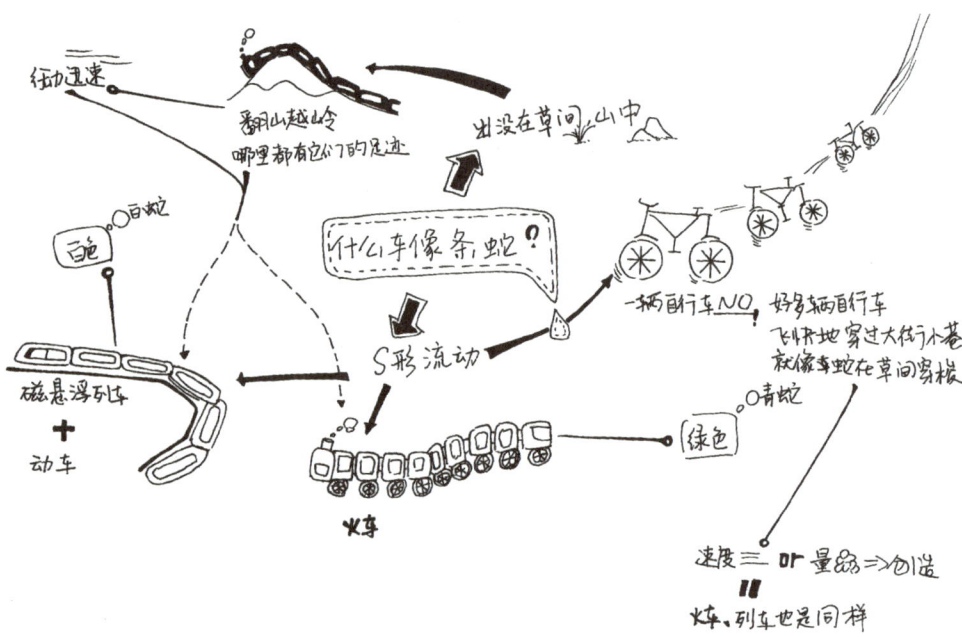

图2-16 什么车像条蛇/施齐

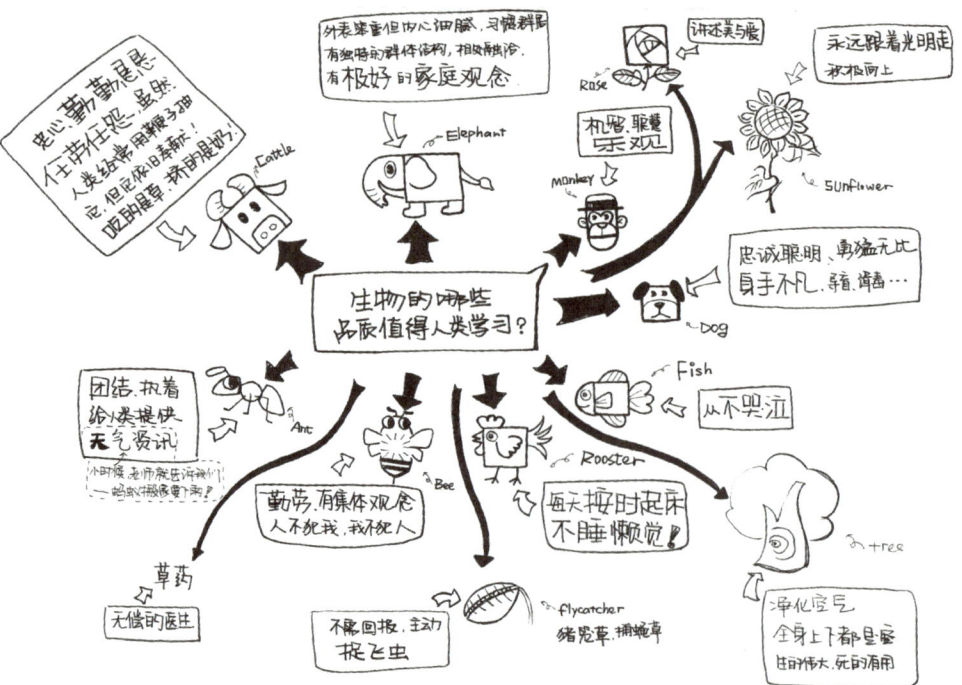

图2-17 生物的哪些品质值得人类学习/徐吉人

3. 知识点

所谓类比，就是由两个对象的某些相同或相似的性质，推断它们在其他性质上也有可能相同或相似的一种推理形式。类比的出发点是对象之间的相似性，而相似对象又是具有多种多样的。

相对于水流，电流是不可视的，虽然这两种物质属于不同的概念范畴，但依据两者之间的属性、关系上的类似，我们把无形的"电"借助有形的"水流"来加以认识和理解。于是就产生了：流水的阻力——电阻、水压——电压、流量——电流、导管——导线等等新概念。所以，类比思考的意义在于比较中创新，具体表现在以下两个方面：

1）发现未知属性，如果其中的一个对象具有某种属性，那么就可以推测另外一个与之类似对象也具有这种属性。地质学家李四光经过长期观察发现，我国东北松辽平原的地质结构与盛产石油的中东很相似，于是经过一番勘探，终于发现了大庆油田。

2）把一事物的某种属性应用在与之类似的另一事物上，可以带来新的功能。众所周知，泡沫塑料的质量很轻，而且具有良好的隔热隔音作用，这种特性的原因是在合成树脂中加入了发泡剂。有人由此想到在水泥中加入发泡剂，结果发明了质轻、隔热、隔音的气泡混凝土。

类比法又称综摄法，是由美国麻省理工大学教授弋登（W. J. Gordon）于1944年提出的一种利用外部事物启发思考的方法，并提出两个思考工具："异质同化"和"同质异化"。

"异质同化"是把看不习惯的事物当成早已习惯的熟悉事物。在问题没有解决前，这些事物对我们来说都是陌生的，异质同化就是要求我们在碰到一个完全陌生的事物时，运用所有经验和知识来分析、比较，并根据结果，做出很容易处理或很老练的态势，然后再去用什么方法，才能达到这一目的；"同质异化"则是对某些早已熟悉的事物，根据人的需要，从新的角度观察和研究，以摆脱陈旧固定的看法的桎梏，产生出新的构想，即将熟悉的事物化成陌生的事物看待。为了更好地运用异质同化、同质异化，弋登还提出了四种模拟技巧：

1）人格性的模拟——感情移入式的思考方法。设想自己变成该事物后，自己会有什么感觉，如何去行动，再寻找解决问题的方案。

2）直接性的模拟——以作为模拟的事物为范本，直接把研究对象范本联系起来进行思考，提出处理问题的方案。

3）想象性的模拟——利用人类的想象能力，通过童话、小说、幻想、谚语等来寻找灵感，以获取解决问题的方案。

4）象征性的模拟——把问题想象成物质性的，即非人格化的，然后借此激励脑力，开发创造潜力，以获取解决问题的方法。

4. 设计实践

实践训练1：类比图解

设计要求与步骤：

类比图解设计训练的要求与步骤如下：以某一事物为目标，围绕该目标寻找在造型、结构、功能等属性特征上与之具有相似性的事物，运用思维导图的方式展开类比构思。如图2-18、图2-19案例所示，以蛇为参照物，思考在属性特征上与之具有相似性的交通工具展开类比，绘制出思维导图。

根据下列题意做类比图解（提示：图解答题，没有标准答案，答案越多越好）。

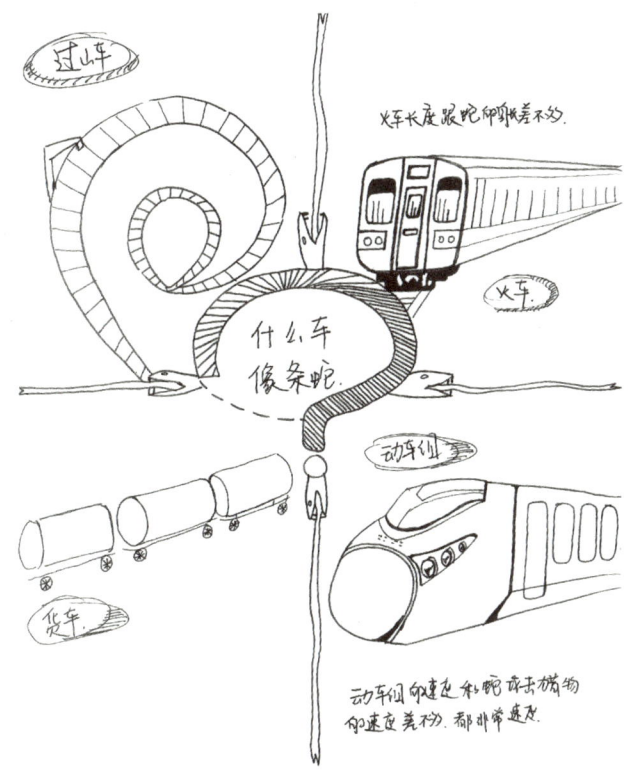

图2-18　类比图解　什么车像条蛇/王相洁

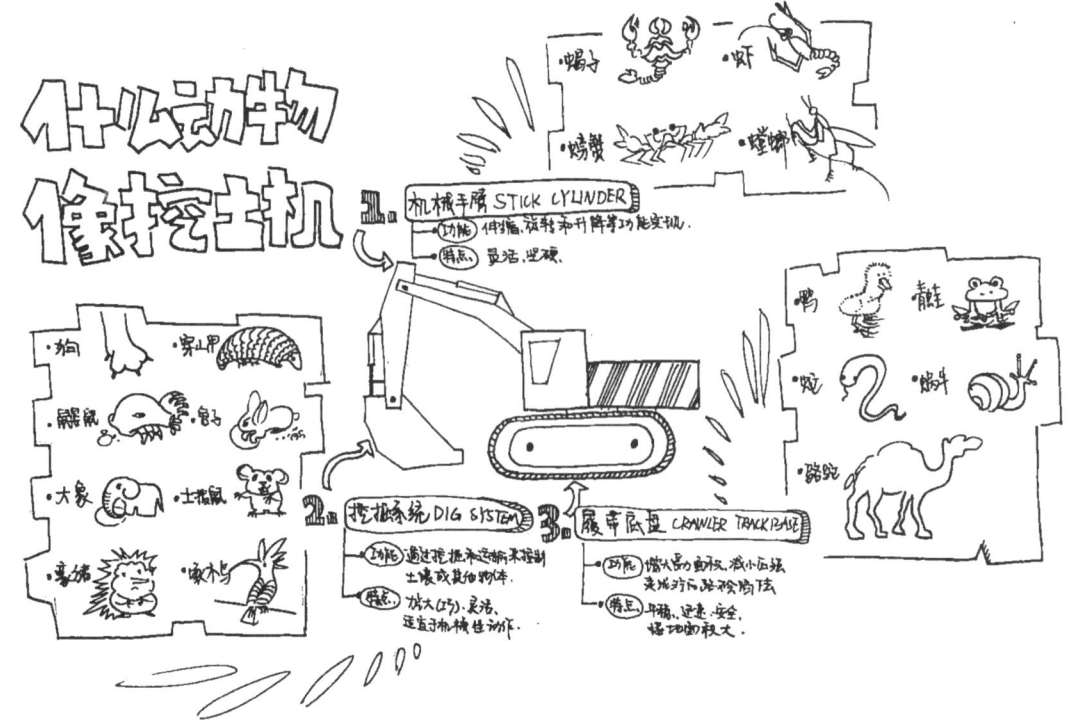

图2-19 类比图解 什么动物像挖土机/孙樱迪

根据下列题意作类比图解。提示：图解答题，没有标准答案，答案越多越好。

- 什么车像条蛇？
- 什么车像大象？
- 什么动物像挖土机？
- 什么动物像货运车？

实践训练2：仿生类比
设计要求：对生物的整体或某一部分属性特征进行模仿，将其应用于小产品创意设计中，要求能将生物的主要特征表现在产品中，并且运用卡纸等材料将实物模型制作出来，并作简单模拟使用测试。

设计步骤：
1）项目确定与解读
首先以小产品作为设计对象，运用类比思维寻找与之具有相似属性特征的生物，将生物对象的某些属性特征如结构、功能或形态等移植到产品中，要求通过简化抽象等手法将生物特征提炼抽象出来，并运用于小产品设计中，要求最终方案与仿生对象之间具有某些相似性，构思新颖、独特，功能结构合理，使用方便，便于快速加工制作简易模型。

2）思维导图
围绕设计课题用思维导图的方式展开构思，首先需要通过分析和构想，列举出希望产品所具有的属性特征，寻找与之具有相似点的生物对象，并做初步类比和构想，要求尽可能多地将各种相关的生物对象列举出来，确保后续选择的多样性。

3）生物形态类比与模拟设计
从思维导图中选择若干个符合要求的生物对象，以图文结合的方式将生物特征进行描绘、提取，将生物属性特征如结构、功能和形态等进行抽象，参照产品功能结构要求进行设计演化，要求在保留生物属性主要特征的前提下使其形态尽可能抽象、简化，使之符合产品设计基本要求，用系列化仿生草图进行设计方案表达。

4）设计草图
根据产品在结构、功能、形态和材料工艺等方面的基本要求，从前面仿生草图中选取若干方案展开产品创意设计构思，绘制出设计草图，要求一方面很好地保留生物属性特征；另一方面使设计方案在仿生形态上神形兼备，功能结构上合理。

5）模型制作

在草图方案的基础上首先制作若干草模，并对草模进行试验，调整和优化设计方案，设计方案调整到位后进行最终的模型制作。先绘制出产品各零部件的尺寸图，要求尺寸、形状和结构尽量准确，然后可以使用卡纸、瓦楞纸、陶泥或木材等易加工制作的材料进行最终模型制作。

6）制作版面

将设计的草图、模型、设计说明、照片或效果图、使用环境等内容，以设计版面的方式进行制作，以充分说明设计创意及整体效果。

下面为《剪刀》案例的设计流程及示例：
1）思维导图，见图2-20、图2-21。
2）生物形态类比与模拟设计，见图2-22。
3）设计草图，见图2-23。
4）模型制作，见图2-24、图2-25。
5）剪刀设计版面制作，见图2-26。

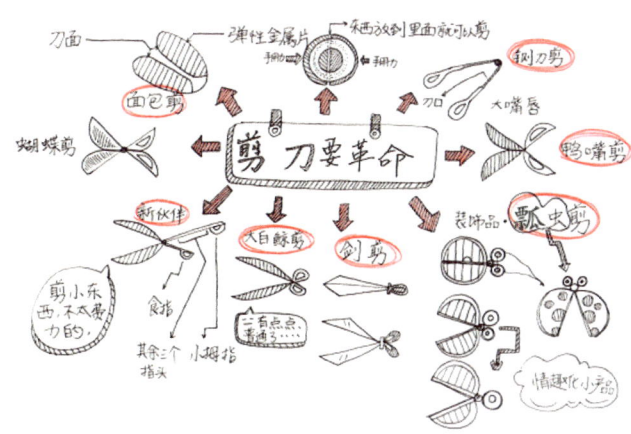

图2-20　剪刀的发散性思维/沈也

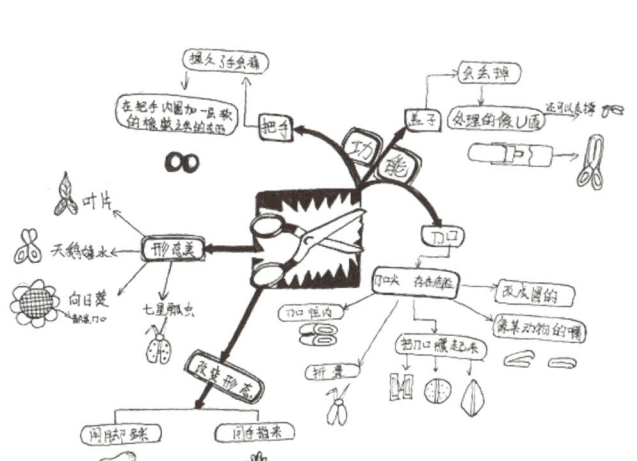

图2-21　剪刀的发散性思维/赵彤丹

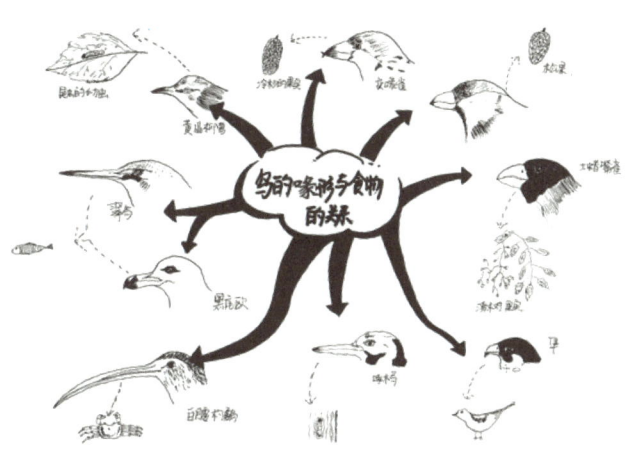

图2-22　生物形态类比的思维导图/徐吉人

图2-23　根据自己的手型设计剪刀

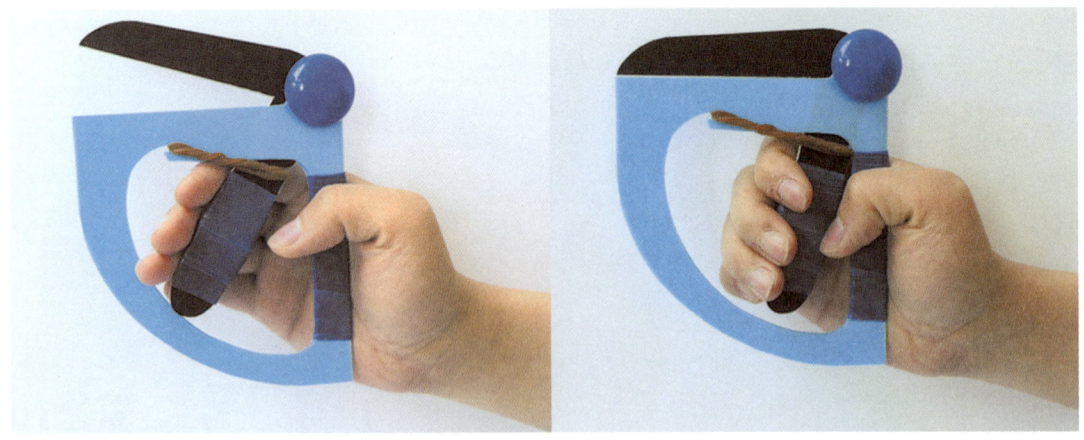

图2-24　剪刀设计/龚丽娟

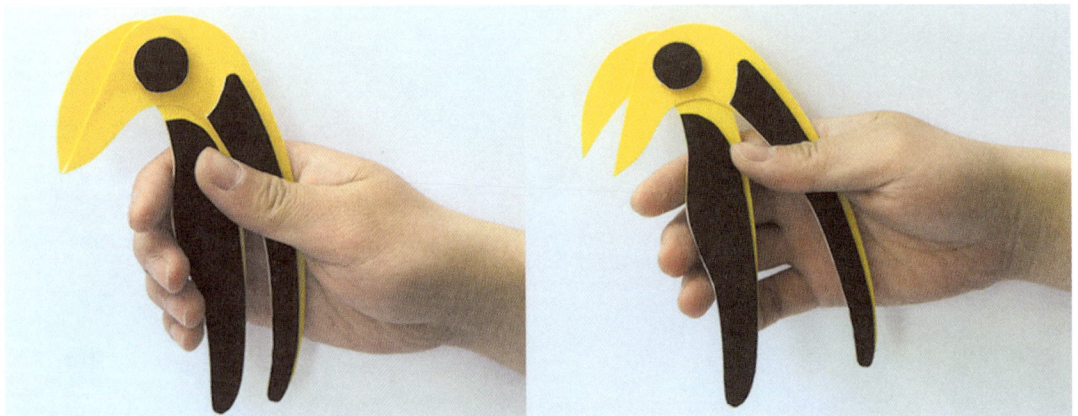

图2-25　剪刀设计/张旗峰

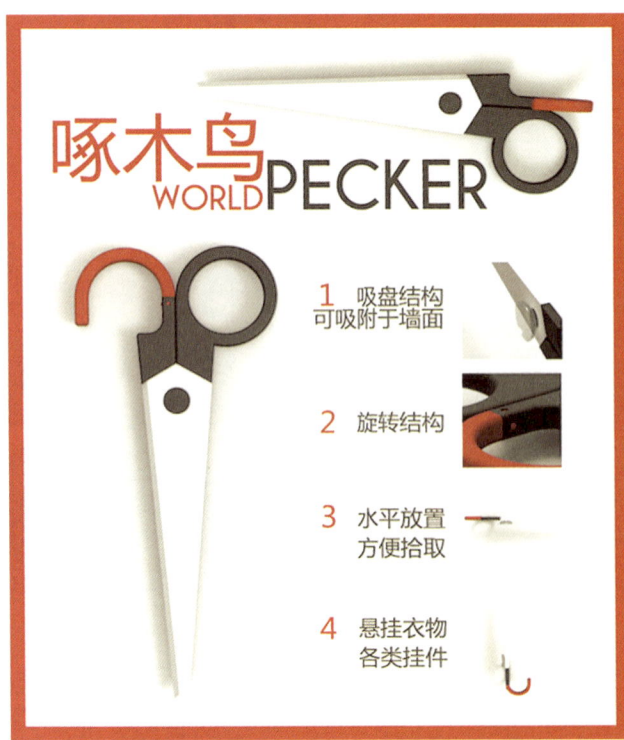

图2-26　版面设计/周珏远

第二节　项目二：手脑联动

所谓"手脑联动"设计，是因为创新设计不是简单的线性化、逻辑化思维过程，也不是单纯地苦思冥想在寻找结果，而是需要充分调动直观思维和逻辑思维两种不同思维方式展开。日本创造学家新崎盛纪把直观思维对应于人的第一信号系统，认为它是建立在人类直观感觉上、通过人的感觉（视觉、触觉和听觉等）而进行的一种思维活动，他把逻辑思维对应于人类的第二信号系统，认为它是建立在人类理性认识（概念、判断及推理等）基础上。一个优秀设计的诞生除了好的创意、理性思考之外，离不开直观思维，即借助视觉、触觉和听觉等感官参与的感性互动，特别是在思路尚不清晰的设计探索初期，甚至直观思维还扮演着更重要的角色。因此这种非纯逻辑化思考，更多借助于直观思维，边做边想，动手与动脑相互依托的创意设计过程我们称之为"手脑联动"。通过本节的训练，旨在强化设计者直观思维能力，使直观思维更多地融入创新设计过程，使设计在感性和理性之间互动，并保持两者的平衡。

设计课题1：探索可能

1. 课题要求

课程名称：发现可能
课题内容：设计实验和发现可能的方法
教学时间：6学时
教学目的：
1. 提高感官知觉能力，学会用视觉思维方式进行观察、联想和设计制作；
2. 在提高观察思考能力的基础上，提升视觉表达能力；
3. 在提高观察思考能力的基础上，提升视觉表达能力。

作业要求：
1. 以小组为单位组成课题组，人人都成为一个自主探寻者，进行对各种可能性的尝试；
2. 对材料要有新的发现，并能充分的表达；
3. 利用课外时间到小商品市场、建材市场做调查、采购，去图书馆、上网搜寻找有关资料，用于教学实践讨论；
4. 不以成败论英雄，但要体现思考过程和思维质量；
5. 独创性、新颖性和审美性。

课堂作业：
1. 连接训练；
2. 孔明锁训练。

2. 案例解析

设计是个求解过程，在创新设计中探索可能性是非常重要的一个过程，对于初学者而言，应该通过什么方式，用什么样的课题进行可能性探索训练？本课题将通过基础性设计课题来探索设计的可能性和可能的设计。其中"连接"课题既是基础造型训练，又是在现有条件下寻找可能性的思维练习。要求寻找合适的材料设计一种新的连接方式，但不能使用黏合剂。所谓合适的材料，其含义是作为学生能力范围内能得到的、容易加工的、廉价的、安全的，等等，其中包括各种纸张、泡沫塑料等，在文具店、小商品市场能采购得到，所以把金属、硬质材料、贵重的材料排除在外。在这个前提下对可获得的材料做"可能性"的尝试，值得注意的是，构思设计的过程不是靠计算、推理出来的，而是手上拿着材料和工具不断尝试，寻找各种连接的可能性。

课题要求在不使用黏合剂的前提下，使两种材料连接起来并能方便拆卸，实际上是要求设计一种"易拆易装"的连接构造。设计要点应该体现在结构巧妙、简洁，用材合理，连接可靠，拆卸方便，方便加工等方面。如图2-27所示Tubabu stool是一款非常聪明的创意凳子，它没有使用任何螺丝钉或者胶水而只用绳子的扭力和拉力就可以将整个凳子牢牢固定，一般的凳子在其关节连接处要么是用螺丝固定，要么钢制的凳子是直接焊牢的，几乎就没有见过除此之外的连接方式。设计师巧妙地利用绳子的扭力和拉力将棒子牢牢地固定在凳脚。当绳子拧得越紧的时候，拉力就越大，棒子与凳脚之间的反作用力就越大，这样就可以将整个凳子牢牢固定。

图2-28所示为refold纸板桌。它由7毫米厚的双层牛皮瓦楞纸构成，重6.5公斤。主体其实只有四片硬纸板，其组装不仅不需要胶水，而且组装起来也非常便

图2-27　Tubabu stool/Sergi Vich

图2-28　便携式硬纸板桌子/Fraser Callaway

捷。通过折叠和拼合，仅需几分钟，就可以将其组装成整张桌子。桌面可拆卸，随时替换。它还可以根据使用者自身的条件调整桌子的高度，组装好的桌子可以担负起一个成年人的重量。如图2-29的作者通过对构件的精心设计（以卡纸为材料），操作者只要通过一个简单的旋转动作（45度）就能把两块塑料板和连接件本身牢固地连接成一个稳定的整体，拆卸同样方便。这种结构的优势是对材料特性要求不高，构件之间的磨损也较小。图2-30的作业则是通过对KT板上燕尾槽的设计，使瓦楞纸定型为三角柱，增加了整体构造的强度。燕尾槽恰到好处地起着"握"的作用，两种不同材料的连接和整体的形式感在这个作业上得到了和谐统一。而且安装拆卸都很方便，整体构造稳定可靠。图2-31的作业借鉴了拼图的基本形，变二维拼接为三维构造。其特点是一个基本型板材互相吻合成一个稳定的结构。这是一个探索性的结构设计，若深入研究就可以开发出新型的折叠展架。这种展架的优势是两块展板间不用传统的铰链连接就能竖立起来，现场安装拆卸不用工具就能完成，非常适用于现代商贸

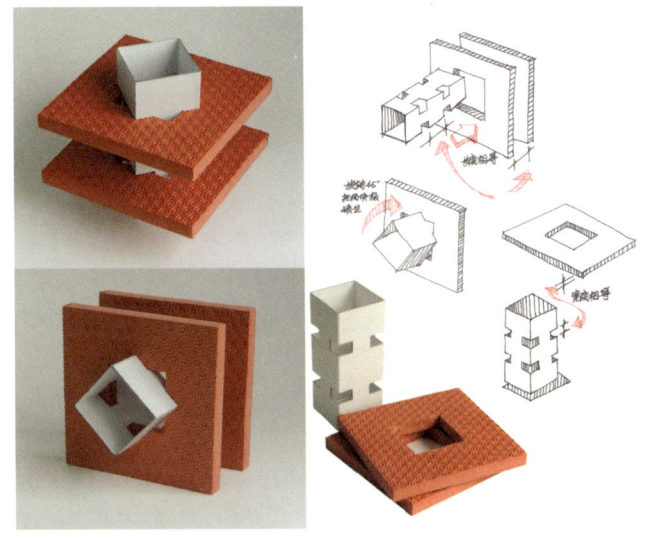

图2-29　连接设计/吴立立

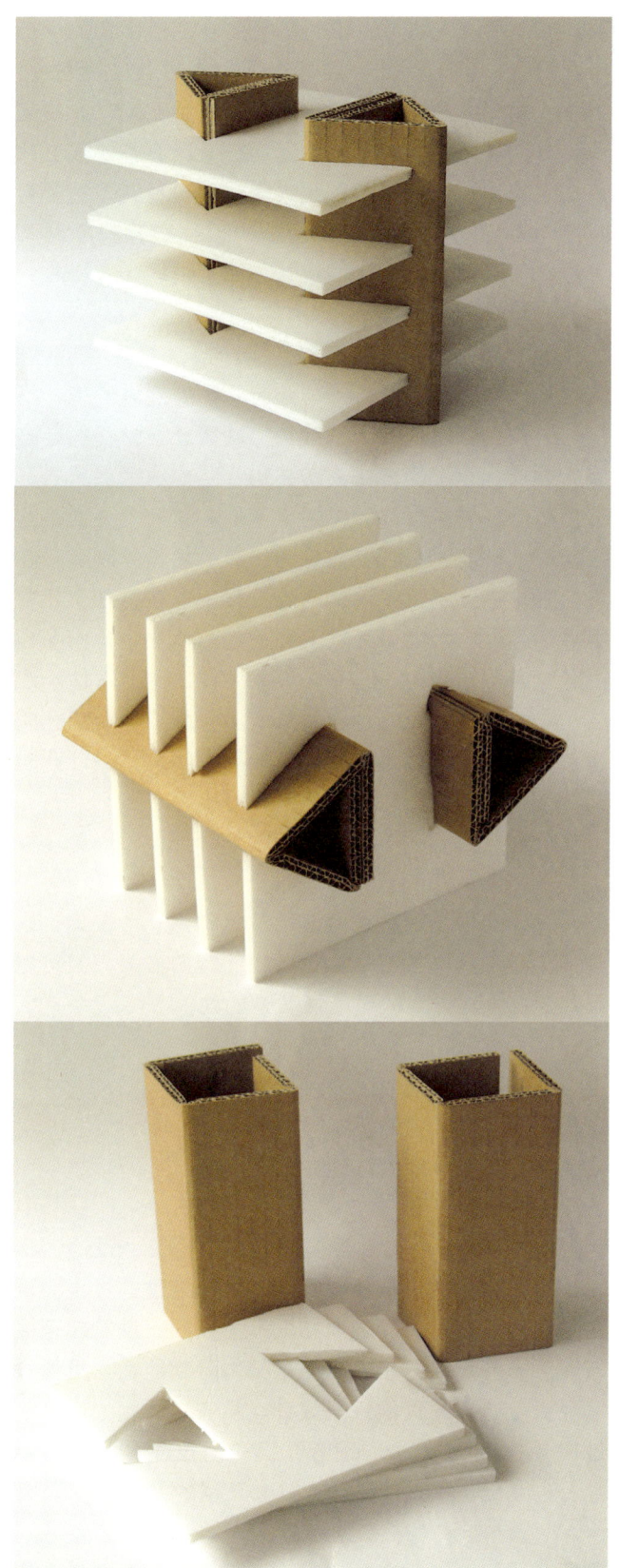

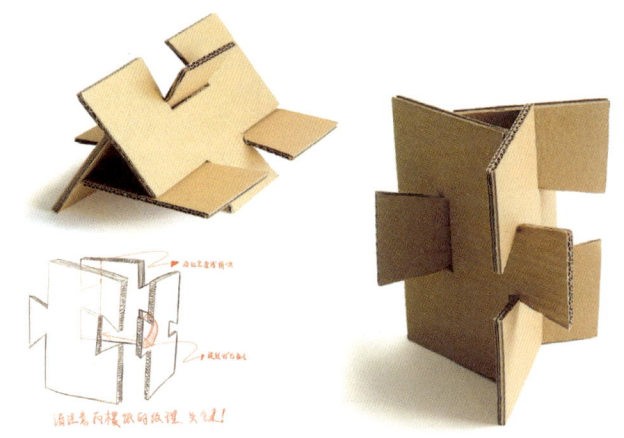

图2-31 连接设计/王贤凯

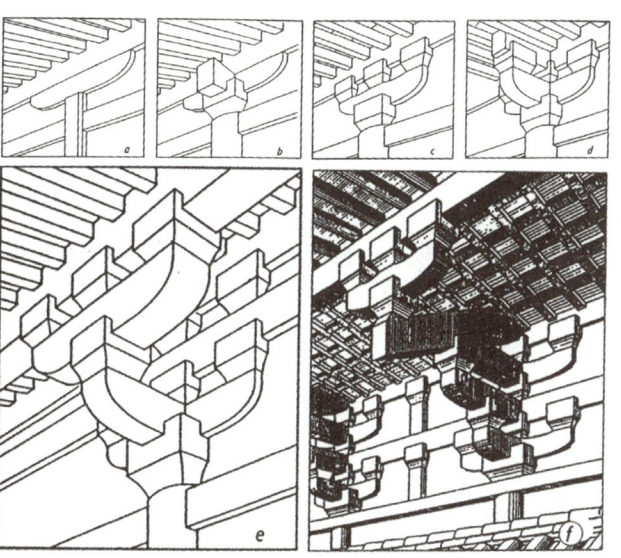

图2-32 中国传统建筑结构——斗拱

图2-30 连接设计/陈强

展示活动。这三个作品的优点是充分发挥了材料的特性，在"易装易拆"的构造设计上恰到好处。

另一种连接构造的经典作品就是中国传统玩具"孔明锁"，相传是三国时期诸葛孔明根据八卦原理发明的玩具，来源于中国古代建筑独有的斗拱结构（见图2-32）。建筑师和设计师常常把对孔明锁（或称孔明榫）的研究纳入自己的专业研究范围。例如图2-33所示名为DING Table的咖啡桌，是由德国的年轻设计团队DING3000设计的一款橡木咖啡桌，该设计灵感来源于传统三柱孔明锁结构，桌子包括两个部分：玻璃桌面和三根相互咬合连接的桌腿，桌腿之间无需螺丝和其他连接件，只需相互卡接咬合即可固定，拆装非常方便。另外，DING3000设计团队采用相同结构

第二节 项目二：手脑联动

图2-33 DING Table/Carsten Schelling、Ralf Webermann、Sven Rudolph

图2-34 "交融"餐具/Carsten Schelling、Ralf Webermann、Sven Rudolph

设计了一套名为"交融"的餐具，勺子、叉子和刀具之间能通过中间的卡位连接在一起形成一个稳固的三角形的支架，设计十分巧妙而且既美观又实用，见图2-34。

对孔明锁原理研究的学科涉及到几何学、拓扑学、图论、运筹学等多门学科。我们对孔明锁的兴趣点则是结构本身，巧妙的结构构成形式及丰富多变的外观形态互为补充，相得益彰，美感中显露出一种感性与理性的交融，更是一种机智和趣味的体现。研究孔明锁可使我们领略到设计创造的乐趣。孔明锁的结构在形态学中称"形态契合"，对形态的契合设计就是根据其形态的基本功能要求，找出形态之间的相互对应关

系。如上下、左右或正反对应等等，创造出来的形态相互配合，互为补充，由各自独立的形通过"整合"为统一体，达到扩大功能、节省材料和空间、方便储存、减少资源投入的功效。我们在设计思维课程上研究孔明锁，更多地是为了让大家从这些经典范例中有所启示，锻炼我们在解决问题的过程中寻找思路和方法。

"孔明锁"设计要点是三向度的连接，并且"个体"与"整体"可以自由拆卸与组装。需要注意的是：材料、结构、形态是一个"系统"的概念：材料决定连接的方式，连接的方式决定结构，结构决定最后的形态，而形态是由材料的特性决定的。这几个元素是互为因果，不能用主观上自认为好看的材料"硬套"在某个结构中。所以设计构思的过程就是在这几个元素里寻找各种组合的可能性。即使是所谓的经典作品也不意味着"唯一"，孔明锁本身就有三柱、六柱、八柱、九柱之分，每一种柱式又有多种型式。利用孔明锁原理可以设计出各种不同材料、不同构造的"孔明锁"（见图2-35至图2-37）。

3. 知识点

前面讨论的是设计思维方法，或者称为思考工具，这些方法和工具本身不能产生解决问题的方案，但可以帮助寻找解决方案的可能性。譬如说：

对这件事还有其他的选择吗？
这个问题还有其他的答案吗？
这个项目还有其他的设计方案吗？

"可能性"是一个非常重要的概念！研究、设计、探讨、实验等，都是寻找事物潜在的可能性的过程。现实生活中，在解决问题的初期就能找到一种看起来令人满意的答案并不多见。如果努力寻找的话，可能会发现更多选择的可能性。设计，从某种程度上讲，不是在寻找最佳答案，而是寻找"比较适合"的可能性。也就是说，设计不存在唯一正确的方案。

我们一般把设计定义为问题求解过程，和做数学、物理题目一样，也是寻求解题思路、解题途径的过程。在做物理题时，将已知条件代入一个或多个公式，推导出未知数，这是我们熟悉的中学物理解题程序。那么设计的求解过程是怎样的呢？譬如设计课题是儿童

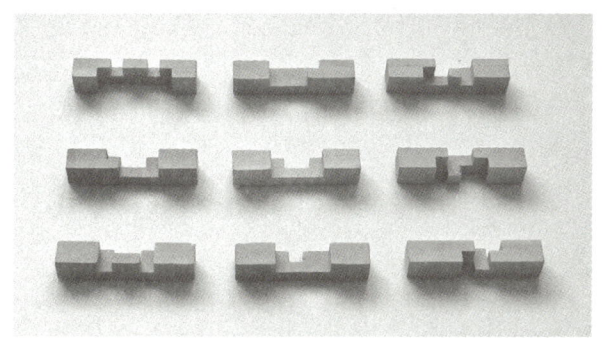

图2-36 九柱孔明锁及部件

图2-35 三柱孔明锁

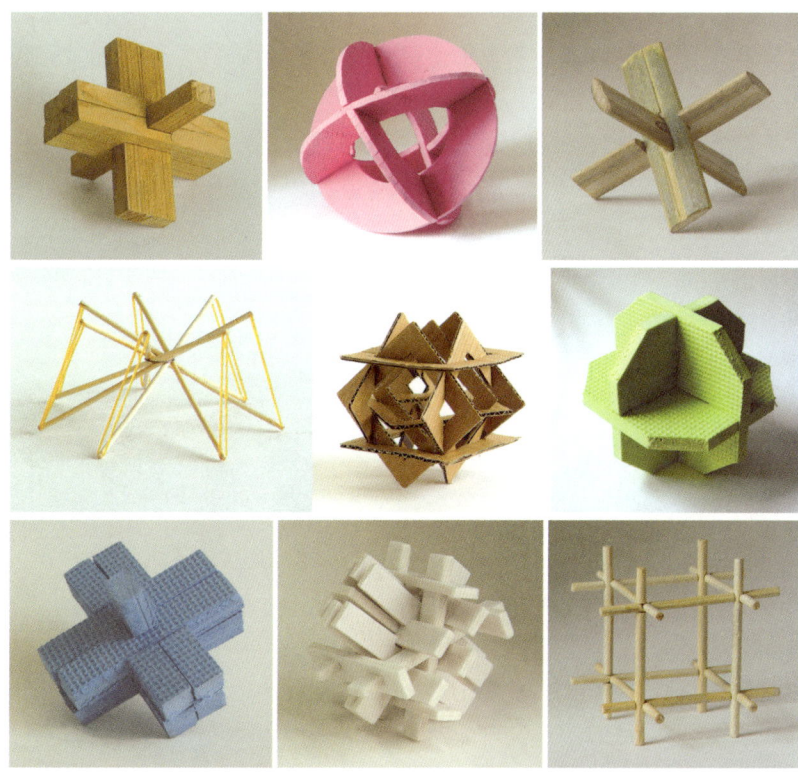

图2-37 孔明锁设计/毕超、叶芳、金军、龚丽娟、陈晨、吴立立、陈孝杰、倪佳倩、张伟雄

第二节 项目二：手脑联动

剪刀，如制造商的生产能力、技术条件、可供选择的材料，小学生手工课使用工具的安全要求，小学生对手工工具色彩造型的认知，等等，我们的设计问题就是在分析已知条件的基础上，去解决如何选择合适的材料、色彩、造型、尺寸适合儿童对剪刀的需求问题、儿童在剪刀使用过程中的安全问题以及携带、储存、包装、运输等问题，就如同物理解题利用的推导公式一样，将这些问题纳入一个产品服务体系中，最终形成相应的设计方案。在这个设计过程中，实际上是解决使用者与产品的关系，以及各种因素之间关系的可能性。问题是设计的出发点，解决问题的途径形成设计的总体思路。借用物理概念是因为物理解题与产品设计求解思路是一样的。不同的是物理题只有一个正确答案，设计没有唯一答案。按照程序进行设计，最终获得的一个或多个设计结果只有较好与不好之分，而没有正确与错误之别。因此设计问题的求解没有统一的标准答案，而善于运用创造性思维去解决问题才是设计的本质。

4. 设计实践

实践训练1：连接

设计要求：

1）寻找合适的材料，设计一种创新连接（连接方式不得使用黏合剂）；

2）首先确定基本形，基本形之间必须能自由拆卸，并能组合成一个结构稳定的整体；

3）要充分研究材料特性与形态连接的可能性；

4）样本设计：内容包括构思过程、连接示意图和模型照片；模型尺寸：16厘米x16厘米x16厘米范围之内。

设计步骤：

1）探索与构思

选择一个基本形，利用草图或简易模型试制等方式展开设计构思，探索各种可能性，见图2-38。

2）绘图与制作

根据构思的初步方案，绘制出设计尺寸图，选择适当的制作材料（如卡纸、瓦楞纸或KT板），根据尺寸图下料和裁剪，通过组装做出实物模型，见图2-39、图2-40。

3）设计版面

将模型拍照，创意构思图、设计草图和工程制图等扫描，结合设计说明做成A4版面，见图2-41、图2-42。

实践训练2：孔明锁

设计要求：

1）本课题要求寻找合适的材料，设计一种创新结构——三向度的连接（连接处不得使用黏合剂）；

2）单体之间必须能自由拆卸，组合成一个结构稳定的整体。要充分研究材料与形态契合的可能性；

3）画出结构尺寸图及展示图片；

4）材料及尺寸不限，数量1件。

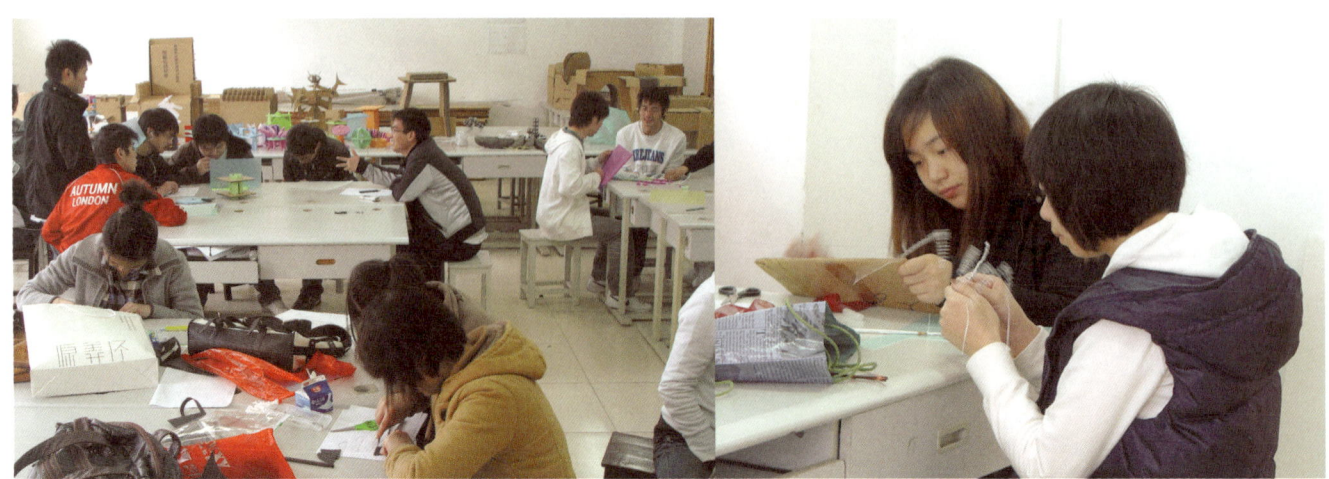

图2-38 设计构思

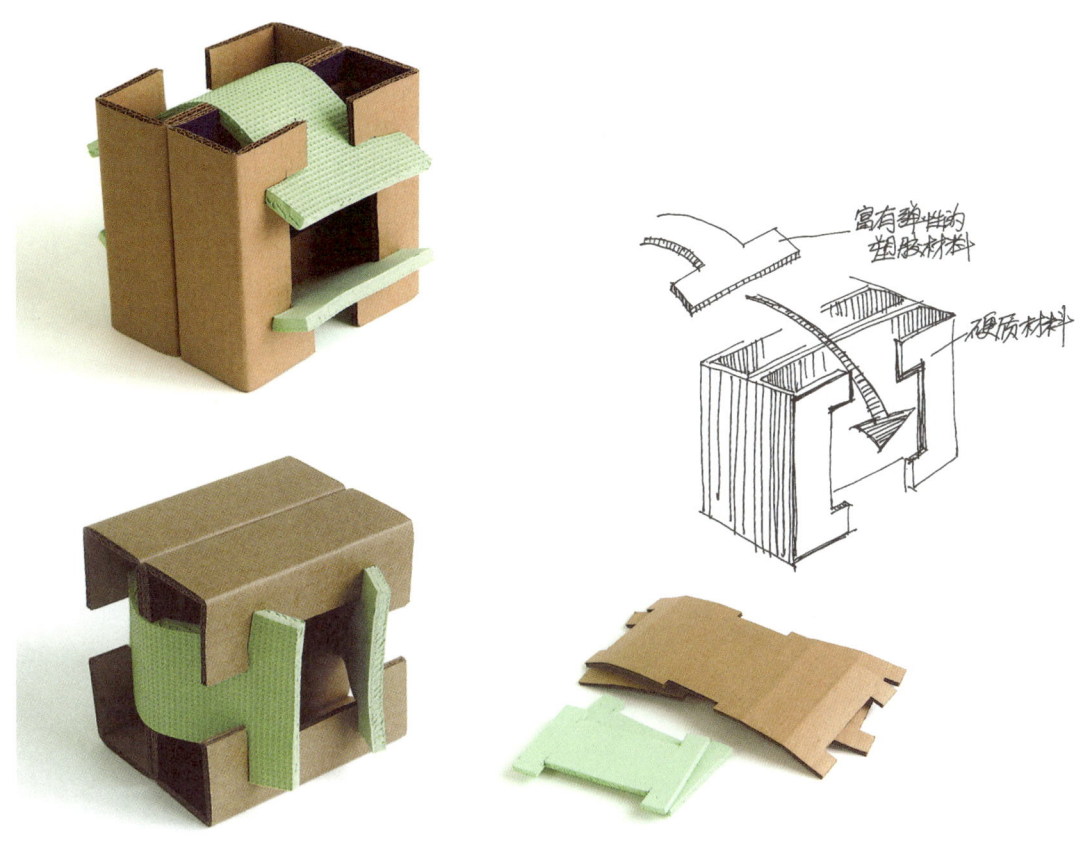

图2-39 连接模型/吴立立

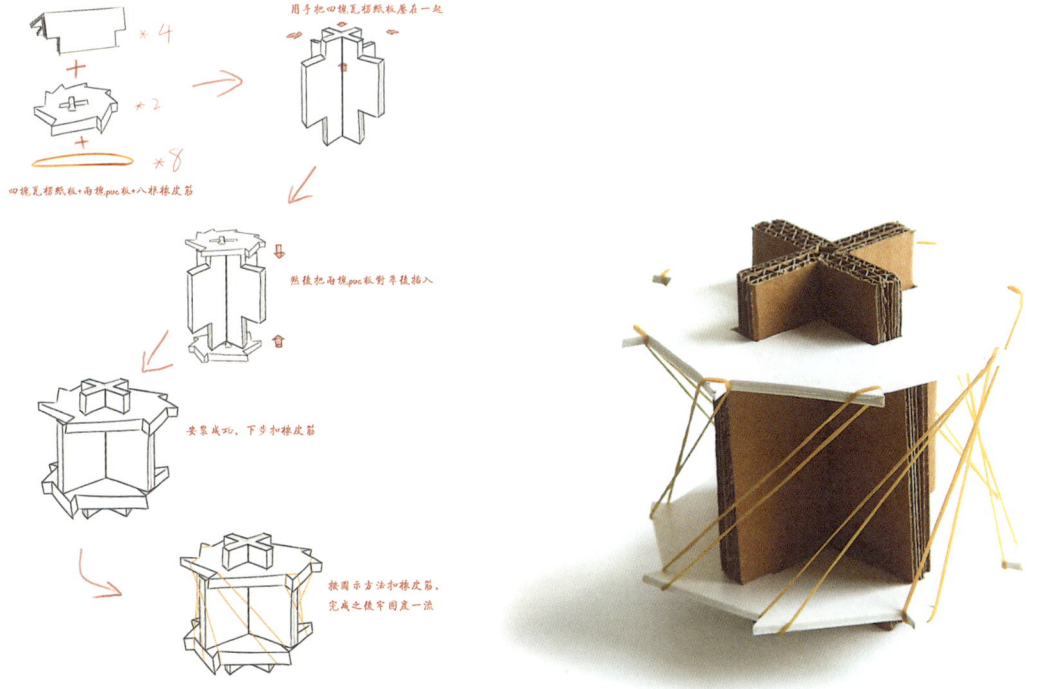

图2-40 连接模型/王贤凯

第二节 项目二：手脑联动

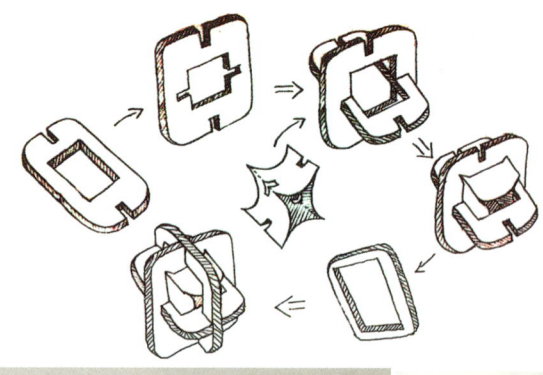

图2-41 连接模型/马卓

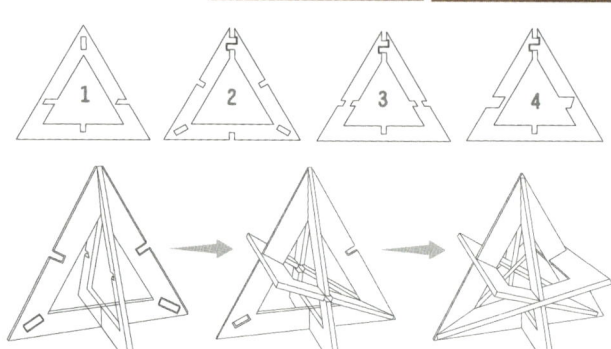

图2-42 连接模型/朱瑞娟

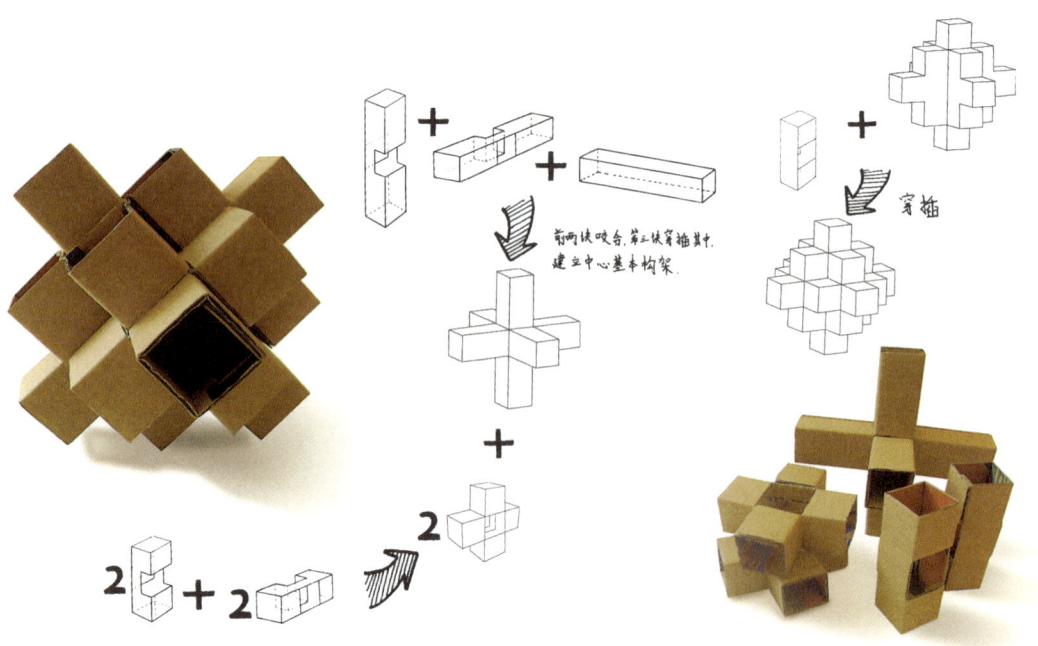

图2-43 孔明锁设计/刘定轩

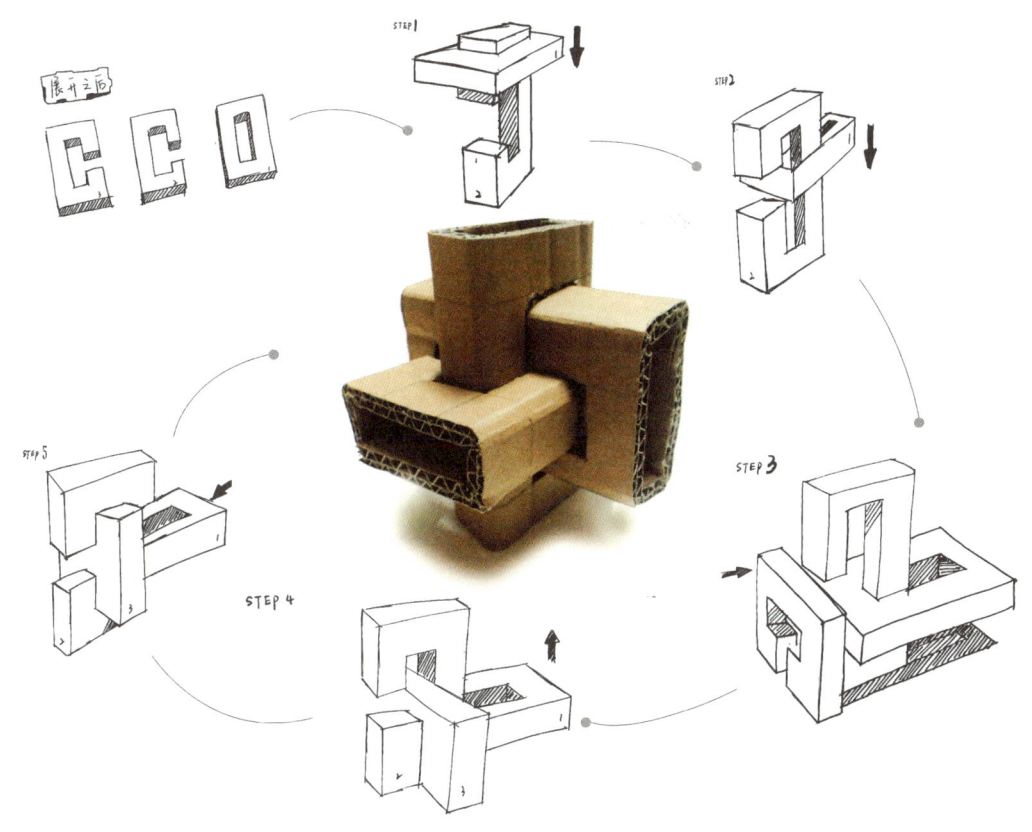

图2-44 孔明锁设计/王芳

设计步骤：

1）探索与构思
选择一个基本单体和向度，利用草图或简易模型试制等方式展开设计构思，探索各种可能的连接结构。

2）绘图与制作
根据构思的初步方案，选择适当的材料（如卡纸、瓦楞纸或KT板）将方案制作成实物模型。

3）设计版面
将模型拍照，创意构思图、设计草图和工程制图等扫描，结合设计说明做成A4版面。

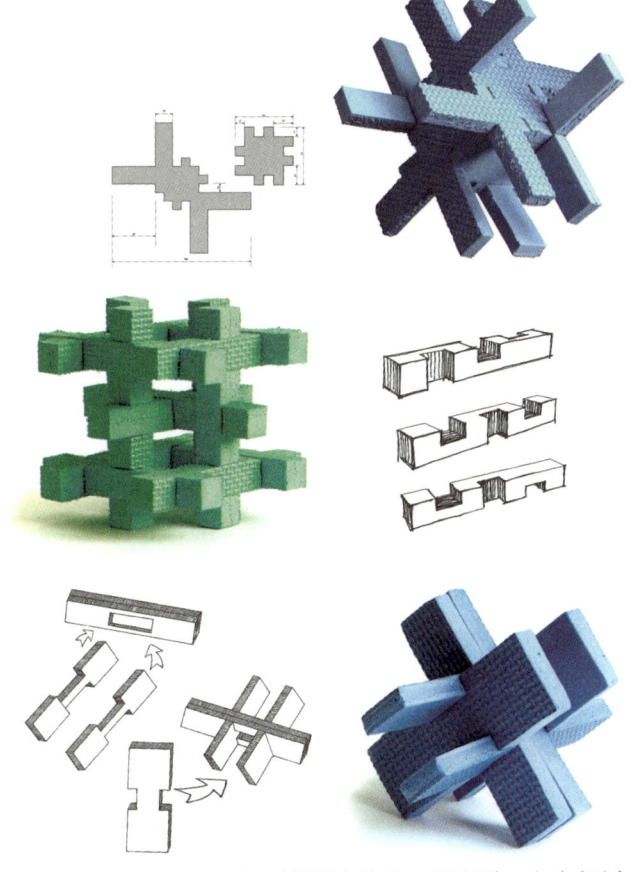

图2-45 孔明锁设计/陈凡、郑书洋、上官长树

第二节 项目二：手脑联动

设计课题2：机能设计

1. 课题要求

课程名称：机能设计
课题内容：结构与机能
教学时间：6学时
教学目的：
1. 了解机能与结构之间的关系，明确结构设计的意义在于机能；
2. 围绕某一机能为目标，探索结构设计上的可能性和合理性；
3. 提高观察思考能力和视觉表达能力。

作业要求：
1. 设计要有明确的机能界定，机能的定位要明确和合理；
2. 材料的选择要恰当，材料的连接方式要合理，满足基本的机能要求；
3. 尽量采用单一材料，不过多借助其他材料，采用巧妙的结构设计满足机能要求；
4. 具有独创性、新颖性和审美性。

课堂作业：
1. 包装灯泡训练；
2. 人体支撑物设计训练。

2. 案例解析

观察一下人造产品，比如灯泡，和鸡蛋具有同样性质的是，外表坚硬，里面脆弱。如果我们有过在商店里购买灯泡的经历，就会发现单个灯泡的包装是最普通的纸盒包装，没有更多的保护性结构设计，为什么？而陈列在货架上的灯泡都是五个一组用塑料薄膜封好的，拿起一组灯泡包装时就会发现其整体强度增强了许多。仔细想想这是灯泡的商品性决定的：灯泡是一种廉价商品，由于价格的限制，制造商不可能在包装上花更多的资金。但灯泡又是一种易碎品，在运输中极易破损（像鸡蛋），当5个纸盒包装用收缩膜包装成一体时，每个纸包装的两侧成了整体的加强筋，所以强度大大增加，在运输中起到了很好的保护作用（见图2-46）。从中我们可以看出，在商品设计中，经济性原则往往是首先要考虑的。

以"包装灯泡"和"人体支撑物"为课题，是借相应设计对象的功能需求特性，来研究形的构造，以及材料与功能等因素之间的关系。该课题排除其商品性，是为了在课题的研究中便于排除对固有概念认识的局限，发掘其更深层的内涵并赋予全新的意义。在构思

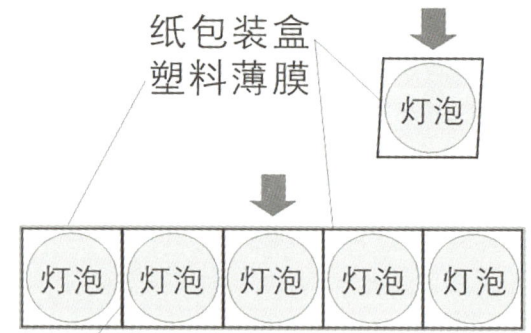

图2-46 灯泡包装结构分析

图2-47 灯泡包装结构设计/叶向斌

时，强调实验的意义，重点放在发现"可能性"上。可以从多种视角入手：尝试新的材料、生物仿生的角度、移植其他事物的结构等。

"包装灯泡"课题要求将两个或多个玻璃灯泡包装在一起。既要保护灯泡，又要便于打开。如图2-47所示，将瓦楞纸折两下形成三角形，将灯泡稳稳地卡在一起，具有结构简炼、省材的特点。

如图2-48所示的结构从展示性和整体性上效果良好。作者最初的造型是用四块纸板卡住两个灯泡，结构上还算合理，但在视觉上有一种松松垮垮的感觉。经过多次试作，把主体纸板改成两个背靠背的"U"字形结构，视觉上、功能上的质量提高了许多。把一个普

通想法发展成一个"好的创意",需经过反复试验。如图2-49的作品在材料选择上用了富有弹性、透明的塑料片,通过一个三角形的反弹力把两个灯泡固定在其中,从展示性、安全性上有很好的表现。图2-50的作品将四个灯泡"埋"在一个稳定的井字型框架中,构思独特,结构稳定。

"人体支撑物"课题是以瓦楞纸为材料设计一个足够支撑起设计者本人重量的构成体,使其满足对人体形成支撑作用这一基本功能,如图2-51所示。瓦楞纸在形态、强度上与木材相

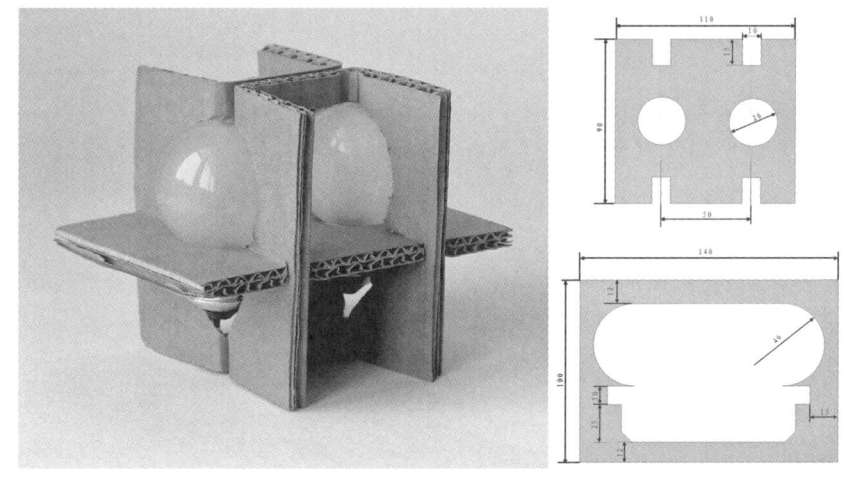

图2-48 包装灯泡/陈强

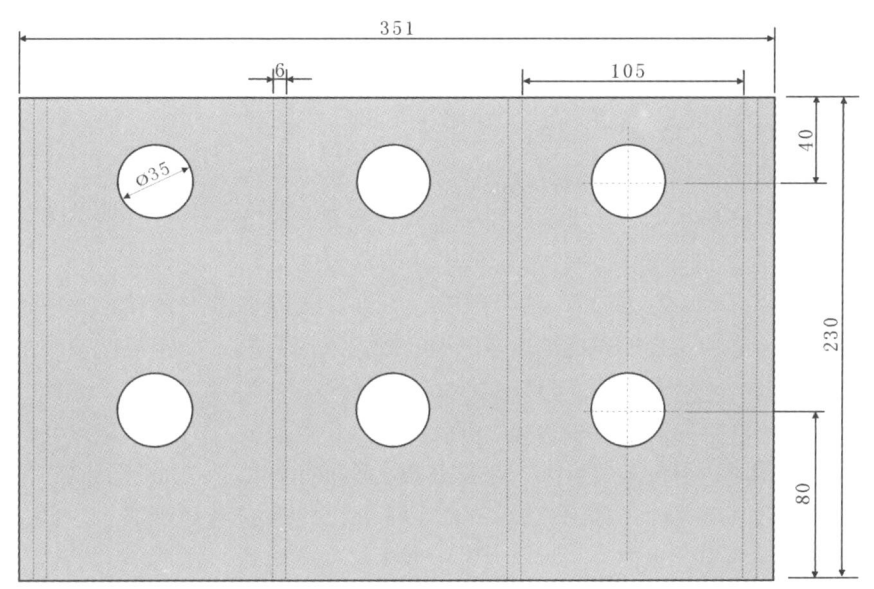

图2-49 包装灯泡/吴立立

图2-50 包装灯泡/吴立维

图2-51 人体支撑物/材料/章红美

去甚远,可能无法直接套用现有的椅子形象到支撑物的设计上。材料的不同,加工手段的不同,形态也会随之改变,这就是本课题提出的挑战:怎样处理好材料与造型、功能的关系?

3. 知识点

任何物质都具有一定的形态,小到细胞,大到宇宙。《辞海》中对"形"的定义是:形象、形状、形体、外貌、形势、表现、对照。形可以具体到长、宽、高的尺寸概念。设计最终是一种"形的赋予"活动,作为初学者要从形态学的概念入手,来认识自然形态与人工形态,以及形态创造的物质、技术基础——构造。德国诗人兼博物学家歌德最早提出形态学的概念。他认为要把生物体外部的形状与内部结构联系在一起进行考察,通过对动植物的机体构造及其外部形状的关系,来了解它们的不同类型和特征。所以,我们在课程初期就做了生物考察之类的练习。

所谓"构造",是指物体的各组成部分及其相互关系。比如,自然界的生物,都有一套各不相同的生物构造来保持其生命状态:一个鸡蛋、一只蜂窝或者一面蜘蛛网,看上去很脆弱,在大自然的风风雨雨中,却能保持其形态的完整性,这就得益于各自合理的生物构造。生物构造的多样性是自然界"物竞天择"的结果。比如,"橘子":一件完美的自然杰作(见图2-52)。鲜艳的橘黄色和特殊质量的表皮,不仅能吸引人的眼球,引起人的食欲,还具有防止日晒雨淋和水分蒸发的功能;内层海绵状的白色纤维组织保护着最里面的果汁果肉,同时对外来的寒暑起到隔热的防护作用;果汁果肉被安放在一个个的橘瓣中,就像超市里的小包装食品;最重要的种子则被保护在瓣囊中,不会轻易受到损伤。我们是否觉得在一个"橘子"里面具备了现代商品设计的全部要素?

再看鸡蛋,椭圆是最美的自然形态之一,并且具有方便产出的功能;材料为碳酸钙的蛋壳具有良好的防护功能;蛋壳上密布的气孔便于通风,为气室提供充足的氧气;流动的蛋白起着缓冲作用,便于蛋壳自由地滚动,以免受到损伤(见图2-53)。从生物学角度看,橘子和鸡蛋之所以是现在这个模样,完全是自然界物种进化的结果,不具备上述功能,或者是生存优势,这些物种就不会延续到今天。我们从中了解和分析生物的生存优势,是为了研究这些优势背后的支撑因素,从而运用在专业设计上。

自然界中的哺乳类和脊椎类动物都依赖骨骼承载着自身重量。生物进化的规律是,越是高级的生物,骨骼就越复杂。就像各种生物有着不同的骨骼,不同的产品也有着不同的构造。照相机和汽车的功能绝然不同,其构造也大相径庭。没有构造,也就没有产品形态。研究构造,首先要研究它的机能以及构成形态。

一件好的产品应该是而且必须是技术与艺术的综合体,而不是"技术"加上"艺术"。产品中既有技术因素,也有艺术因素,并且两者在各方面都有关联,不能把技术因素与艺术因素分开处理。构造既是一种技术,也是一种艺术。如图2-54所示是丹麦设计师汉宁森设计的"PH灯具",是举世公认的功能、构造设计俱佳的艺术品。建筑师罗得列克·梅尔说得更为精辟:"构造技术是一门科学,实行起来却是一门艺术。"构造,影响到产品的最终形态。

力学法则是构造美的重要基础,可以分为客观的物理的力和主观的心理的力(或称量感)。力的作用是一

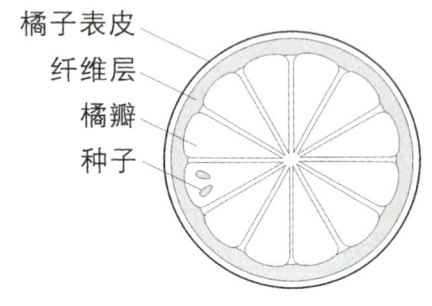

图2-52 橘子的构造

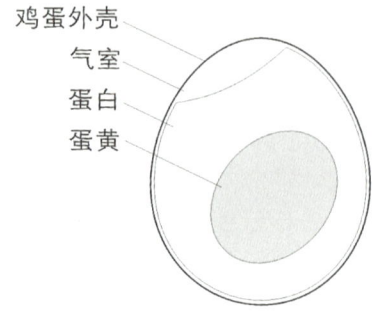

图2-53 鸡蛋的构造

图2-54 PH系列灯具/汉宁森

种物理规律,它由构造的形态、材料、重量等客观因素构成的,可通过计算过的物理的量;而力量感则是人的心理感觉。具体地说,当人看到色彩灰暗的物体会觉得它比较沉重,看到色彩明亮的物体会感觉比较轻快,尽管这种感觉不一定与客观事实相符,通常物体的重量与构成该物体的材料有关,而与物体的色彩关系不大。但在日常生活中人们对事物的判断常常受心理感受所左右。

4. 设计实践

实践训练1:包装灯泡

设计要求:

1)选择合适的材料将两个或多个灯泡包装在一起。既要保护灯泡,又要便于打开;具有安全性、展示性和美观性;

2)要充分体现材料特性、设计合理的插接结构。原则:省材、结构简练和巧妙;

3)不做材料表面装饰,以材质和造型结构体现美感;

4)写一段结构说明的描述性文字,画出展开图、使用状态图;

5)材料:包装瓦楞纸、塑料片材、KT板、木材等,尺寸不限。

设计步骤:

1)设计构思。根据给定的包装对象及基本要求,明确设计的边界条件,展开创意构思。

2)设计绘图。经过计算,使材料合理运用在作品中,准确绘制出纸张的平面图。基本方法:动手前测绘灯泡的各部位尺寸,制作一个1:1的灯泡的模板,(见图2-55)把设计稿1:1画在纸上,然后用灯泡模板放在图纸上进行推敲修改,确定各部位的平面尺寸(见图2-56)。

3)裁剪和组装。根据平面尺寸图进行制版和下料,制作出零部件,之后进行组装(见图2-57)。

实践训练2:人体支撑物

设计要求:

1)瓦楞纸广泛应用在商品的运输包装上,但完成了包装功能随即成了废弃物。本课题以废弃的瓦楞纸箱为材料设计一个足够支撑起设计者本人重量的构成体。

2)作为纸张的瓦楞纸有其脆弱的一面,也有其坚韧的特性。要充分利用这种材料特性进行结构设计。

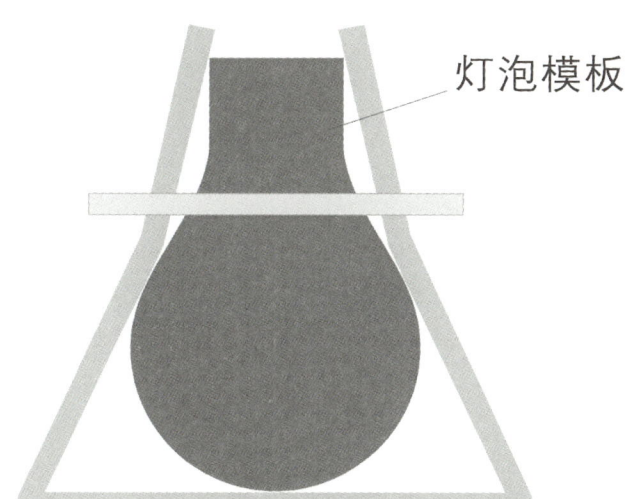

图2-55 制作一个灯泡模板

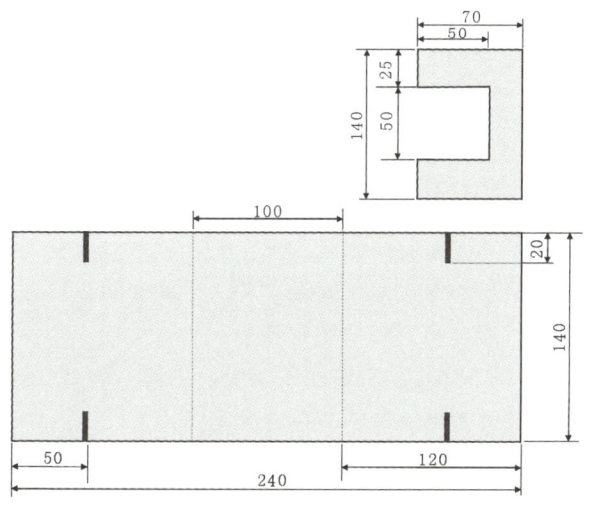

图2-56 包装平面展开图

图2-57 包装灯泡/吴立立

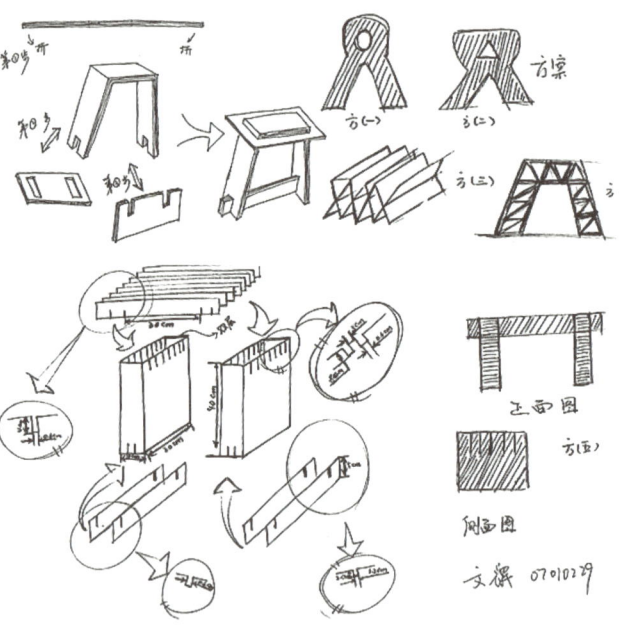

图2-58 设计构思/文辉

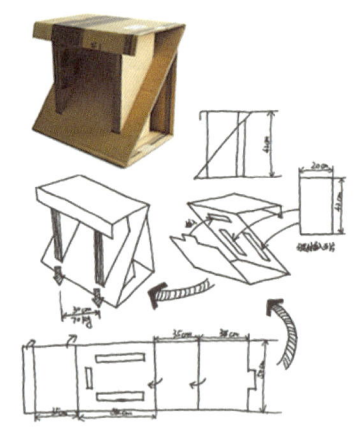

图2-59 组装与测试/徐周音

3）要研究材料自身的连接方式，不得使用铁钉以及黏合剂，能自由拆卸，具有美感。

4）设计一份300字左右的说明书。内容：设计说明、制图、设计者与支撑物关系的彩色照片等。

5）材料：包装瓦楞纸。尺寸：不限。

设计步骤：

1）设计构思：根据给定的包装对象及基本要求，明确设计的边界条件，展开创意构思，见图2-58。

2）设计绘图与裁剪，经过计算，准确绘制出瓦楞纸的平面图。

3）组装与使用测试，见图2-59。

设计课题3：构造结构

1. 课题要求

课程名称：构造设计训练

课题内容：通过借鉴自然生物或传统结构设计展开构造设计探索

教学时间：6学时

教学目的：1. 学习如何去观察和理解现有事物的优秀特点，通过解构和重构应用到新的设计中；
2. 懂得如何去分析现有事物，并以此为基础进行设计创新；从某一个角度或方式出发找到其他解决问题的可能；
3. 培养善于观察和思考的能力，善于洞察现实世界的规律，边思考边看问题。

作业要求：1. 以自然生物或传统器物为对象，解构其构造结构；
2. 在解构的基础上，以围绕某一设计目标，展开构造结构再设计；
3. 要求构思巧妙，方案可行，并用简单材料将模型制作出来。

课堂作业：1. 动作解构；
2. 榫卯解构。

2. 案例解析

进行构造设计是较有挑战性的课题，它要求设计者既要有一定的工程结构基础，具备一定的逻辑思维能力，又要具有较好的形象思维能力和动手能力。本课题重点探讨构造结构设计，通过解构现有优秀结构的基础上展开设计探索。一方面向传统学习，如了解传统榫卯结构的基础上进行构造设计；另一方面师法自然，通过研究自然界通过自然进化的生物构造构，发现其中的奥秘，在构造模仿的基础上进行再设计。

案例1：PEG扁平化卡槽椅

扁平化是家具设计中的重要趋势之一，可以大大地降低运输成本。纽约设计师 Paul Loebach设计了一款 PEG椅子（见图2-60），不仅做到了扁平化包装，而且椅子无需胶水或螺丝就可以完成组装，看上去就像一个立体拼图。PEG的意思为"无需胶水的零件（Parts Excluding Glue）"，一共包括八个桦木零件，这些零件通过数控机床技术切割而成。不同于传统的榫卯结构，这把椅子的零件上面带有凹槽和凸起，通过相互嵌套扣在一起，整个组装过程仿佛在玩拼图，无需任何胶水或钉子。随着时间的推移，这款椅子的零件会自然伸缩，从而让椅子变得更加牢固。

图2-60　扁平化卡槽椅/Paul Loebach

案例2：生物动作解构

生物动作解构就是要求同学们在收集生物资料的基础上，对生物在抓、握、叼、咬、逃跑、追踪、注视、瞭望、惊恐、翱翔等状态的进行捕捉、描摹。以此为基础进行解构，并结合材料、工艺和功能的要求进行再设计，最后应用适当的材料设计制作一个生物意象模型。这里的模型不是生物标本，要求对资料进行充分研究和提炼后，进行设计再现和一定程度的创新。（见图2-61、图2-62）

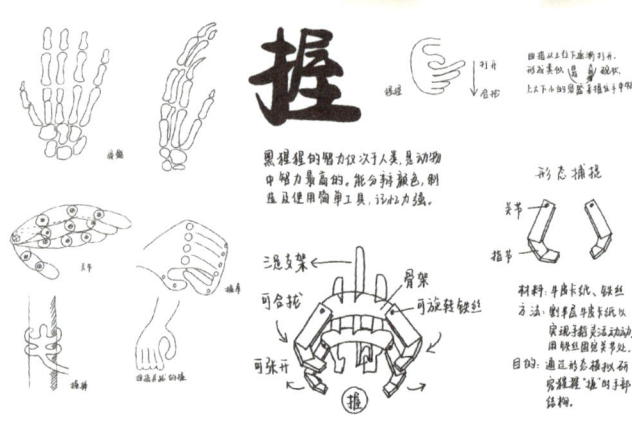

图2-61 "握"的动作解构/楼艺

案例3：榫卯解构

通过在网上、图书资料中收集中国传统家具榫卯结构资料，以图解的形式摹写于速写本上，选择一两种结构形式，通过解构的方式重新打散原有结构形式，并结合新的形式进行设计改进，对榫卯结构实行重构，从而获得新的形式和功能。

图2-62 "坐"和"踢"的动作解构/沈金玉

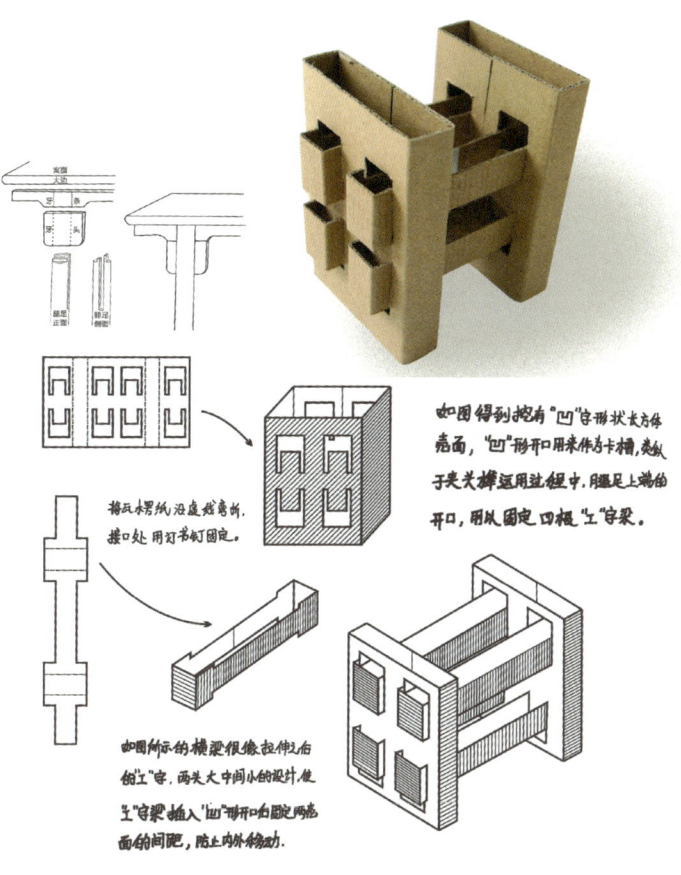

图2-63 榫卯解构/潘晓婷

3. 知识点

阿恩海姆在《视觉思维》一书中特别提到与创造性思维密切相关的"意象"（image），他认为"意象"不是传统观念上对客观事物完整机械地复制，而是对事物总体特征积极主动的把握。譬如，看到了一辆小汽车，但不清楚它是商务车、旅行车还是跑车；看到一张纸币，但不清楚是哪国币种；看到一个人，但说不清是本国人还是外国人。这是一种既具体又抽象的意象，同时也是自相矛盾的模糊意象。这种视觉意象不仅直接来源于对象本身，而且也可以由某些抽象概念间接传达。例如，说到高大威猛，心目中便会现出一个昂首挺胸、气壮如牛的形象；一条蛇被简化为S型曲线；一棵树则用简洁的几何形来呈现。所以说，意象是一种既具体又抽象、既清晰又模糊、既完整又不完整的形象。说到底，这是一种代表事物之间本质或代表着某种内在情感表现的"力"的图示。由于它的动力性质，其本身的运动"逻辑"，变成了创造性思维活动中的推动力。

1）心灵的意象

在阿恩海姆看来，任何思维，尤其是创造性思维，都是通过意象进行的。与知觉不同，意象纯粹是一种内心活动的表现。这种意象的形成，是心灵对某种事物之本质的认识和解释的产物。所以称之为"心灵的意象"。

哲学家康德说得更明白，意象其实是"想象力重新建造起来的感性形象"。美国心理学家安德森（J.R.Anderson）把意象概括为六个特征：

a. 意象可以不断地呈现为多变的信息；
b. 意象可以被操作，即模拟的空间操作；
c. 意象不受视觉通道的约束，并呈现为空间的和不断变化信息的一部分；
d. 数量属性（如尺寸大小）很难在意象中得到辨析，但意象中会呈现出较多的数量特征的相似性；
e. 意象比图形具有更多的可塑性，而较少脆性；
f. 复杂事物的意象被分割为若干部分。

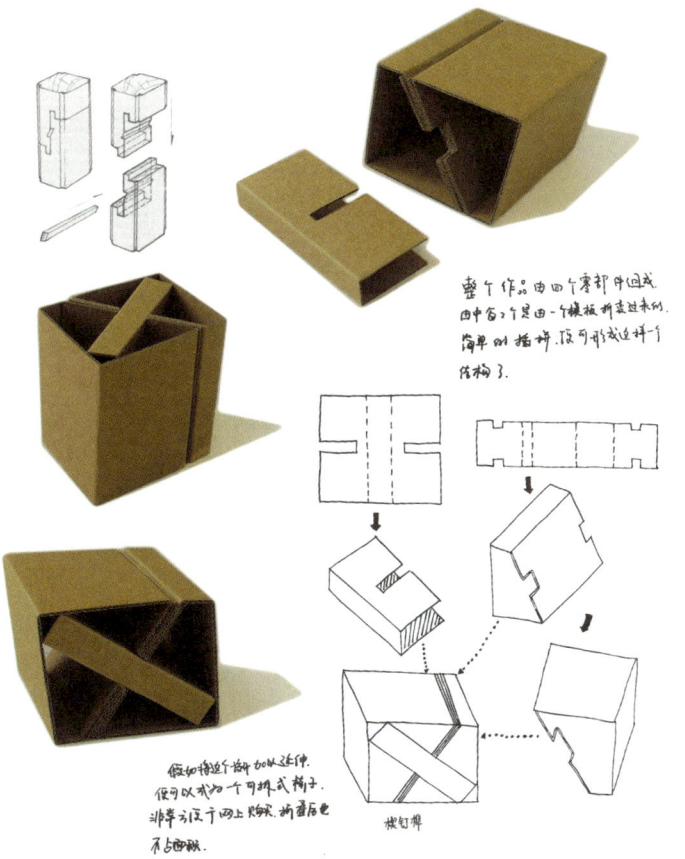

图2-64 榫卯解构/黎佳能

麦金把意象形象地比喻为"心灵的眼睛",他认为意象不同于感觉形象,可以在闭上眼睛没有感觉刺激的情况下发生,而是运用心灵的眼睛来感觉到。他同时指出,对部分人来说,"他们的心灵眼睛几乎是瞎的"。他把这些归罪于现代教育严重忽视了对心灵眼睛的训练。"第一,它未使学生意识到他们的精神意象;第二,它很少提供开发这种内在资源的机会。长期生活在黑暗地方的蝙蝠和鱼已逐渐演化成目盲生物。同样,心灵的眼睛如果不用也会走向盲人一样的后果。"由此看出,麦金把"心灵的眼睛"的开发作为创新教育的重要内容。

图2-65 图形意象

2)意象的变动性和潜在相似性

意象具有变动性,心理学家曾做过一个实验来探索意象的变动性。实验人员先向被试者展示一个图形,然后再给出两个词让被试人员来描述这一图形(如图2-65所示)。接着要求被试人员记住图形,并要求根据记忆画出这个图形。结果所画图形明显受到给定词语概念的暗示而被"歪曲"了:被给出"眼镜"一词的被试人员将这个图形画成了眼镜状;而给出"哑铃"一词的则画成哑铃状。这个实验说明了意象不像知觉那样稳定,它很容易变动。正是意象的这种变动性给创新创意提供了广阔的活动那个空间,使创造者从刻板的复制中解放出来,进入一种广阔的创造天地——对意象的再塑造。毕加索在作品《艺术家和模特》中描绘了自己在对着玛丽·沃尔特画素描的场景,值得注意的是画面上的线条更多的是作者头脑中意象的表现,而不是对模特形象的直接描绘(见图2-66)。

意大利心理学家曼弗雷多·马塞罗尼(Manfredo Masseroni)设计过一个感性游戏:用签字笔徒手画任意性的不规则闭合图形,所谓的"任意性"就是画的时候事先不要考虑图形代表什么东西(如图2-67所示)。然后,用一个"O"和一个"∠"添加在这个任意图形的恰当位置上,并使任意图形瞬间变成一只小鸟。不可思议的是,几乎所有的任意图形都能变为小鸟,看似无足轻重的线条都变成了有意义的头、翅膀、躯体等。这个游戏至少说明两点:一是体现了视觉建构的能力,看似任意的图形,我们都能"看"到含义;二是摆脱"固有概念",任意性和灵活性在很大程度上可以从固有的视觉思维模式中解放出来。与其他活动相比,我们更重视自己的创造性活动,敏锐的感知能力能增强解决问题的自信心,需要对过去

图2-66 《艺术家和模特》草图/毕加索

经验的记忆以及对新的想法进行积极的评价和尝试。视觉思维训练会使每个人都有创造性,能够快速展示问题的关键和解决。这种训练可以帮助学生直观地发现材料、技能与形态之间的密切关系,并把这些因素进行创造性的组合。

意象的变动性不仅意味着意象自身可以得到改造,还可以在不同的环境和关系中转换成新的东西,而这种转换的关键步骤是能发现两种意象之间潜在的相似。

3)创意是意象的解构

美国心理学家阿瑞提(Silvano Arieti)在《创造的秘密》一书中指出:"意象具有把不在场事物再现出来的功能,但也具有产生从未存在的事物形象的功能——至少在它最早的初步形态中是如此。通过心理上的再现去占有一个不在场的事物,这可以在两个方面获得愿望的满足。它不仅可以满足一种渴望而不可得的追求,而且还可以成为通往创造力的出发点。因此,意象是使人类不再消极地去适应现实,不再被迫受到现实局限的第一个功能。"他接着写道:"如果意象再现出了那些实际存在而不可得到的事物形象,就可以促使人去行动、探求、找到那个渴求获得的事物;如果这种事物实际上并不存在,就会促使人去创造它;如果既不能找到它也不能创造它,人就会在白日梦中去幻想它。"

图2-67 不规则图形瞬间变成了小鸟

建筑大师弗兰克·盖里（Frank O. Gehry）以最具创意作品震撼现代建筑界（见图2-68），努力挑战建筑设计的极限。他的作品一直吸引着全世界的眼球：其中包括西班牙毕尔巴鄂古根海姆博物馆、美国加利福尼亚州洛杉矶的沃尔特·迪斯尼音乐厅（见图2-69），以及近期项目美国内华达州拉斯维加斯的克利夫兰卢鲁沃脑健康中心、美国纽约的比克曼住宅大厦，即将完成设计的阿拉伯联合酋长国阿布扎比的古根海姆博物馆和法国巴黎的路易·威登创意基金会。除了建筑，盖里还涉及汽车、家具、珠宝设计等领域，他特别擅长把某些意象神奇地转化为创意作品：悠游的鱼的意象常常出现在他的作品形象中。据说童年的生活记忆让他带有深深的恋鱼情结。他经常在速写本上不停地画各种鱼的样子，试图找出最优美的鱼的形态和最优美的曲线弧度，仿佛这样的意象才能接近属于他的创意（见图2-70）。有一次材料厂商富美家请盖里用新美耐板系列（Color Core）参加设计竞图，在反复思考修改的过程中，他不小心打破了原本设计的灯具，沮丧之余，盖里发现不规则的碎片有着特别美感。于是叠合碎片为鱼鳞做成了盖里最著名的鱼灯（见图2-71）。如图2-72所示的概念汽车，是由弗兰克·盖里和美国麻省理工大学合作设计，用完美的弧面创造了一个脱离传统汽车审美造型的范例。轻薄的蛋壳状有机形态外壳，采用先进的材料能提供高度的

图2-68 建筑大师弗兰克·盖里坐在由他自己设计的、用瓦楞纸板做成的沙发上

第二节 项目二：手脑联动

图2-69　美国加利福尼亚州洛杉矶的沃尔特·迪斯尼音乐厅/弗兰克·盖里

图2-70　以鱼为灵感，盖里采用包括金银木玉等材质来表现鱼的不同表情

图2-71　鱼灯/弗兰克·盖里

图2-72　概念汽车设计/弗兰克·盖里

可视性与安全性。

通过以上分析我们可以知道，人们已有的心灵意象是进行创意设计的基础，内心意象越丰富，创意构思素材就越多，设计的可能性就越大，因此对于设计人员需要通过各种途径丰富自身的内心意象，通常可以从自然事物、人类传统已有的文明成果当中去获取灵感。因此本项目以生物解构和榫卯解构为课题进行创意思维训练。

4. 设计实践

实践训练1：动作解构

设计要求：根据视觉笔记的形象资料制作一个生物意象模型。抽象表达生物某种特征或状态（抓、握、叼、咬、逃跑、追踪、注视、瞭望、惊恐、翱翔等），制作模型一件，材料不限，设计版面：内容包括生物原型图、模型照片及说明文字。

设计步骤：
1）生物意象临摹与分析
运用描摹的方式将具有生物体中某些具有功能性的生物形态、结构或特征记录下来，分析其功能、结构及形态间的关系，如图2-73、图2-74所示。

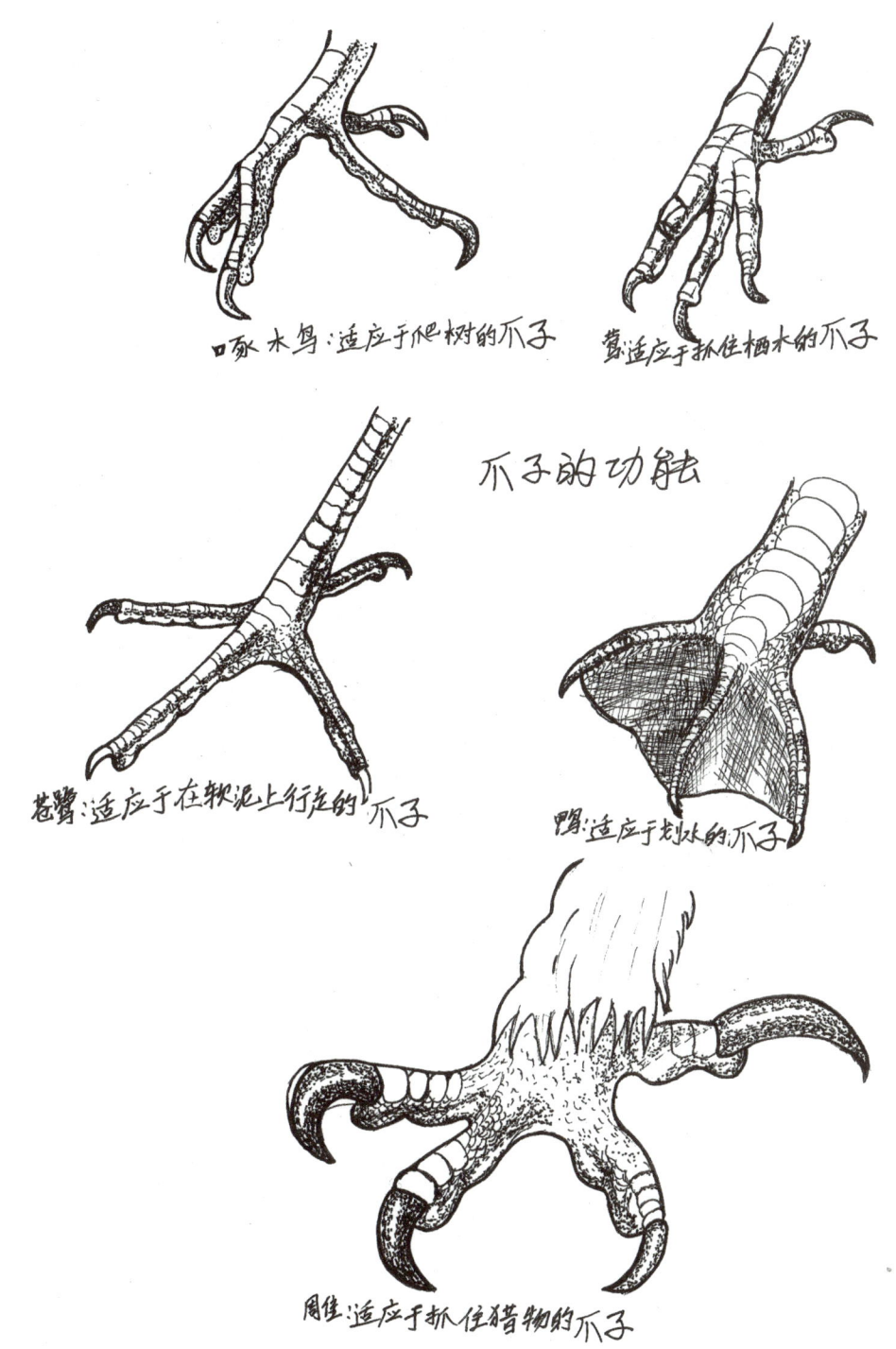

图2-73 禽类爪子资料收集/童悦

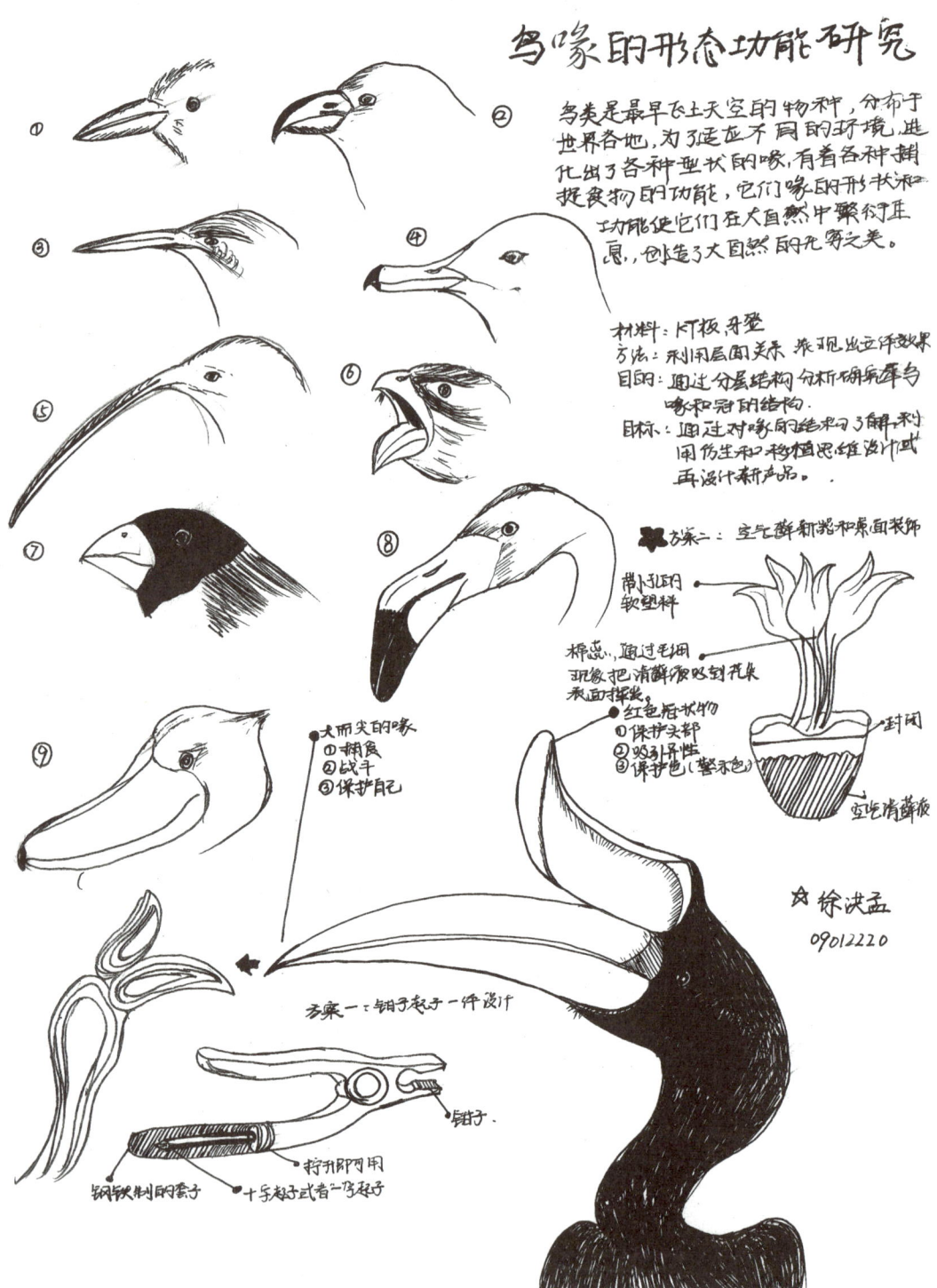

图2-74 鸟的喙型与食物的关系/徐洪孟

2）结构与再设计

对生物结构特征进行结构分析，根据功能目的要求对生物结构进行再设计，使之符合功能目的和材料工艺要求，如图2-75所示。

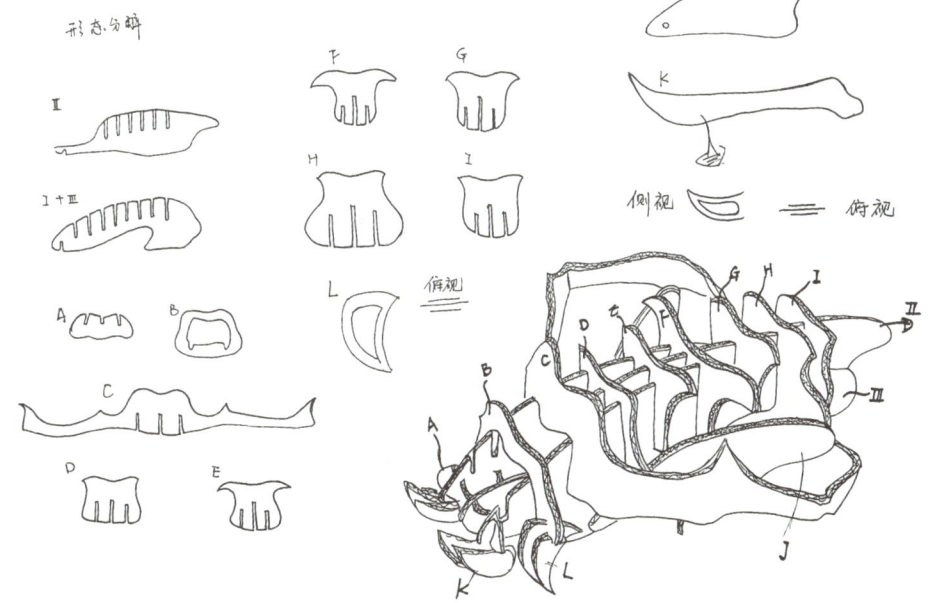

图2-75 动作结构与模型设计/吕小娜

3）模型制作

选择适当的材料，构思恰当的连接固定方式，对生物结构特征进行实物再现，并制作出实物模型，如图2-75、图2-76所示。

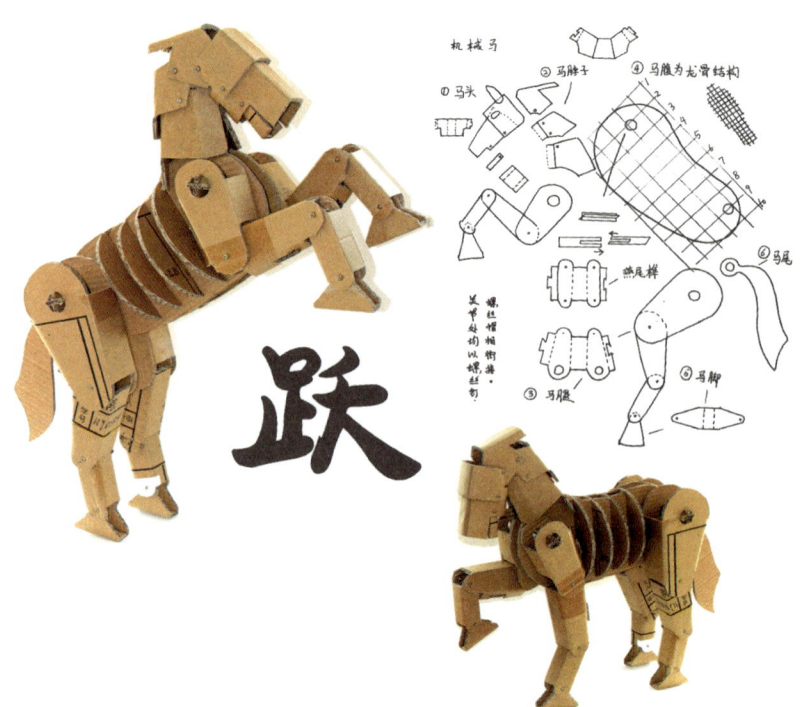

图2-76 动作解构与模型设计/范则敢

实践训练2：榫卯结构

设计要求：通过在网上、图书资料中收集中国传统家具榫卯结构资料，以图解的形式摹写于速写本上，选择一两种结构形式，通过解构的方式重新打散原有结构形式，并结合新的形式进行设计改进，对榫卯结构实行重构，从而获得新的形式和功能。

设计步骤：

1）榫卯结构解析

运用速写的方式对榫卯结构进行拆解，分析其功能结构特点，如图2-77所示。

2）结构再设计

根据功能目的要求对榫卯结构进行再设计，使之符合相应功能目的和材料工艺要求。

3）模型制作

选择恰当的材料，重新构思榫卯结构的连接方式，并制作出实物模型。如图2-78、图2-79所示。

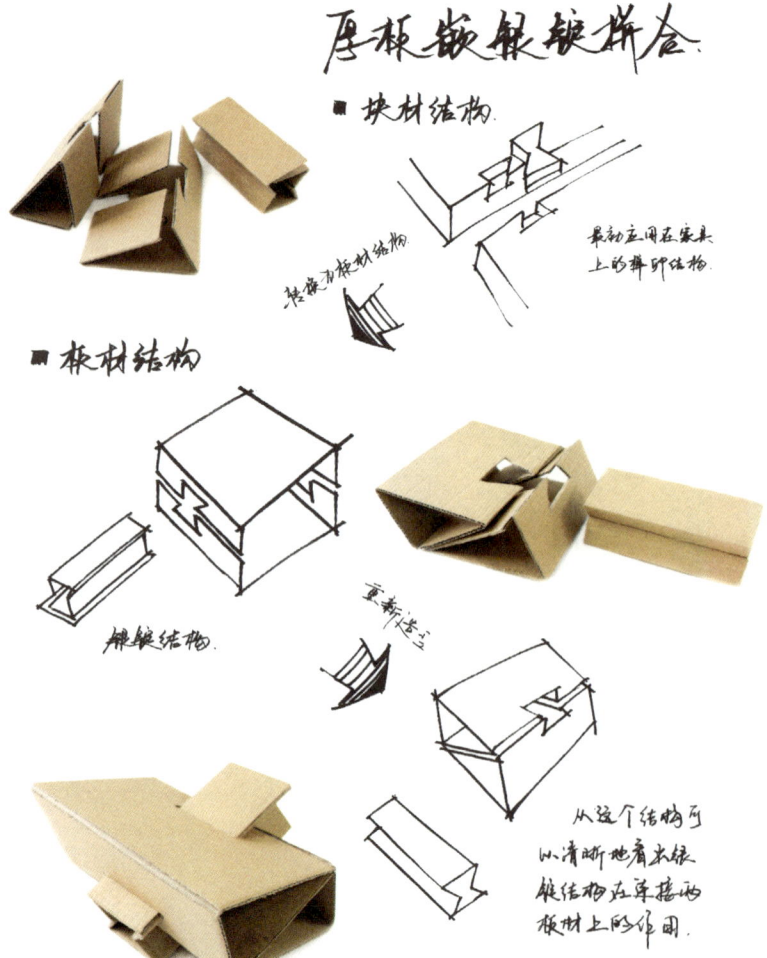

图2-77 榫卯结构分析/苏西子

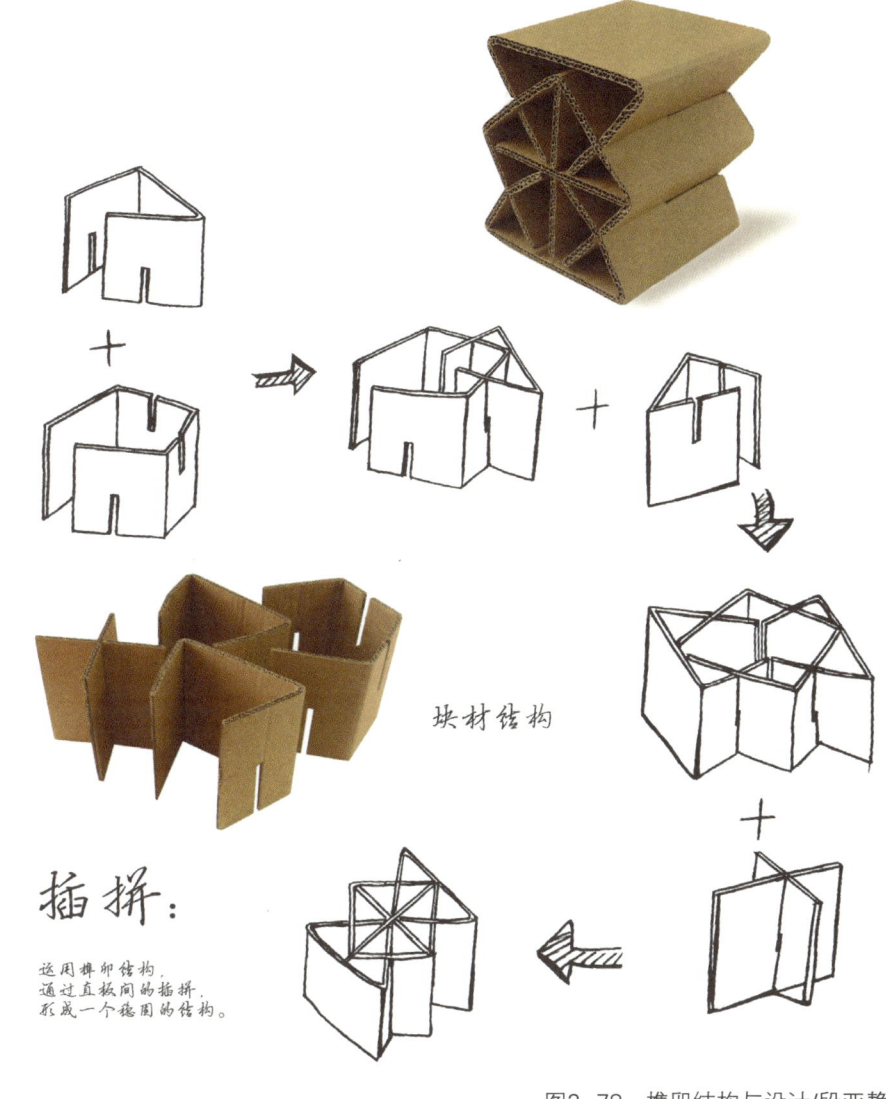

块材结构

插拼：

运用榫卯结构，
通过直板间的插拼，
形成一个稳固的结构。

图2-78 榫卯结构与设计/段亚静

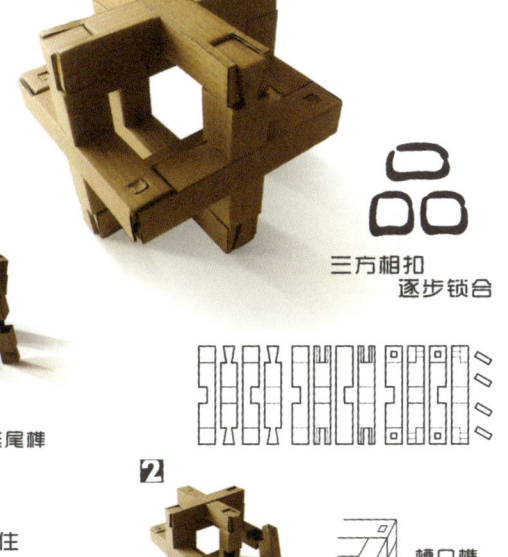

三方相扣
逐步锁合

1
燕尾榫
首先锁住
上下俩移动方向

2
槽口榫
最终锁住四周移动方向

图2-79 榫卯结构与设计/吴才德

第二节 项目二：手脑联动

第三节　项目三：设计研究

设计课题1：思考视觉化

1. 课题要求
课程名称：思维视觉化
课题内容：思维视觉化的理论和方法
教学时间：6学时
教学目的：
1. 提高感官知觉能力、视觉思维能力，学会用视觉化方式进行观察、联想和设计表达；
2. 在提高观察思考能力的基础上，提升视觉表达能力；
3. 通过眼睛观察、动脑思考、动手绘制等过程，加深对设计思维的认识与理解，为后续学习打下良好的基础。

作业要求：
1. 敏锐的感知觉能力和思考能力，清晰准确地表达能力；
2. 能将所想象、思考的内容快速准确地加以表达，能体现思考过程；
3. 在掌握基本表现技巧的基础上形成个人独特的表现风格。

课堂作业：图解构想训练

2. 案例分析

图解是表达和记录思维成果的工具，是对人们内在的潜意识层面的信息的反映。"图解不仅有助于使模糊的内部形象聚焦，而且为先进的思维源流提供记录，进一步讲，图解可以起到记忆无法起到的作用，即使最卓越的想象者也不能通过记忆将一些意象并在一起进行对比，而人们却可以对草图加以比较"，因此，图解很适合作为开发思维的工具。图解工具有很多，主要包括草图、流程图、思维导图、矩阵图、坐标图、模型等。

1）草图

草图是一种常用工具，画家、设计师、导演都是这方面的高手，其实科学家、工程师也常用。本书要讨论的是非专业人员，尤其作为学生怎样借助这个工具来开发思维。草图有一个形象的叫法——徒手画，对应英语词汇——free hand。其实在构思草图过程中最令人着迷的是"free mind"——思绪飞扬的状态，当人的思维能量真正得到释放，才会产生新的想法。把想法记录下来的"草图"有两种类型：探索型草图和开发型草图，两者分别代表着草图的两端。探索型草图在构思中，用于提出概念，然后不断地选择、界定、比较、重组概念，也称为概念性草图，通过对概念抽象和具体因素的探索，尝试性地画出图形帮助深化概念；开发型草图往往已经有一个成熟的想法，通过草图形式在尺度、构造、功能、与人及空间的关系等方面进行各种可行性探讨和发展。如以"环保袋课题"为例：图2-80的作者在思考一次性塑料袋带来的问题时，运用了视觉思维工具——联想和图解：植物的果子往往是形态诱人、味道甜美，其中的生物学含意是："引诱"动物食用后能把果子内部的种子"携带"到较远的地方生根发芽。作者把"种子"和"购物袋"这两个概念组合成了"种子环保袋"，并用草图把头脑中的概念"视觉化"，这个草图仅仅表达了某种概念、思路，具体的结构、制作工艺、尺寸等因素有待于进一步深化。这类草图称为"探索型"草图。同样的课题，图2-81则是"开发型"草图。对一个考虑已久的概念，通过草图形式在使用方式、构造、功能等方面的各种可行性"视觉化"，便于进一步的发展和交流。

2）流程图

流程图用于对事物之间的相互关系和发展过程做可视化图解。（见图2-82）每个过程或阶段用图形表示，或称为节点，节点之间相连以示流动方向。下一个节点何去何从，取决于上一步的结果，典型做法是用"是"或"否"的逻辑分支加以判断。流程图可以对事物发展在秩序、时间进度以及相关因素的相互关系的表达。在构绘流程图时，要确定事物最基本的主次关系及走向，哪些是主要因素？相互关系如何？在流程中应处于一个怎样的顺序关系，等等，这些因素往往决定图解构想的走向和结果。流程图还可以用来对组织机构的构架做可视化描述和解释。流程图中的每个节点是一个功能区，根据流向关系将这些节点串在一起。节点通常由一个关键词外加一个圆圈、方框等图形。节点本身所传达的含义有限，而把节点连接起

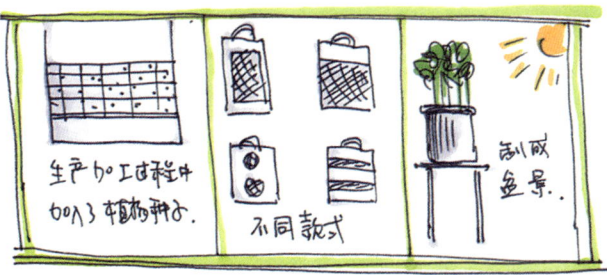

图2-80 环保袋概念设计/刘文伟

来就会产生丰富的意义,这就是作为思维工具的功能所在。

3) 矩阵图

矩阵图主要用于从复杂的问题中,找出成对的因素,然后根据图示来分析问题,确定问题的关键点,这是一个综合思考的图解工具。在各种问题中,将相关因素找出来并排列成行和列,一目了然,其交点就是相关点,在其中找出存在的问题、问题的形态及解决问题的思路。

如图2-83所示的矩阵图,其成对因素往往是要着重分析问题的两个侧面,一个因素的变化往往成为其他因素变化原因,因此需要把所有因素都罗列出来,逐一分析具体现象与具体原因之间的关系,这些具体现象和原因分别构成矩阵图中的行元素和列元素。矩阵图的最大优点在于,寻找对应元素的交点很方便,而且不会遗漏,显示对应元素的关系也很清楚。矩阵图常常用来分析成对的因素、明晰关系确定重点以及系统分析。

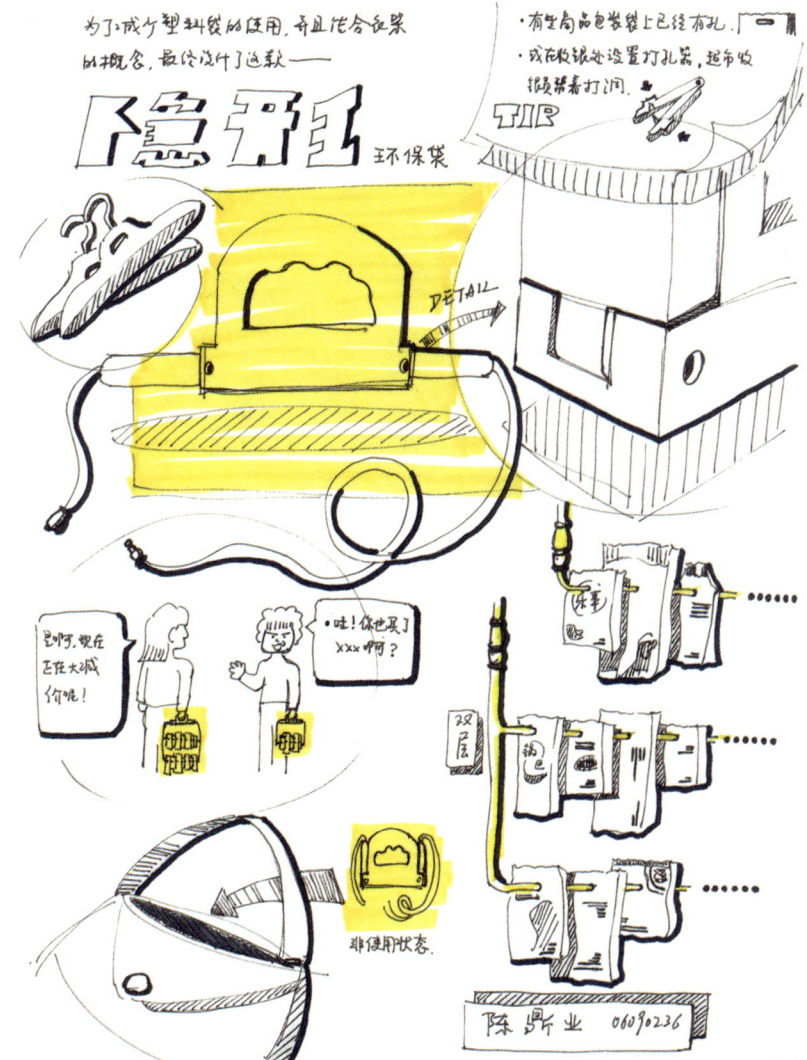

图2-81 环保袋设计/陈鼎业

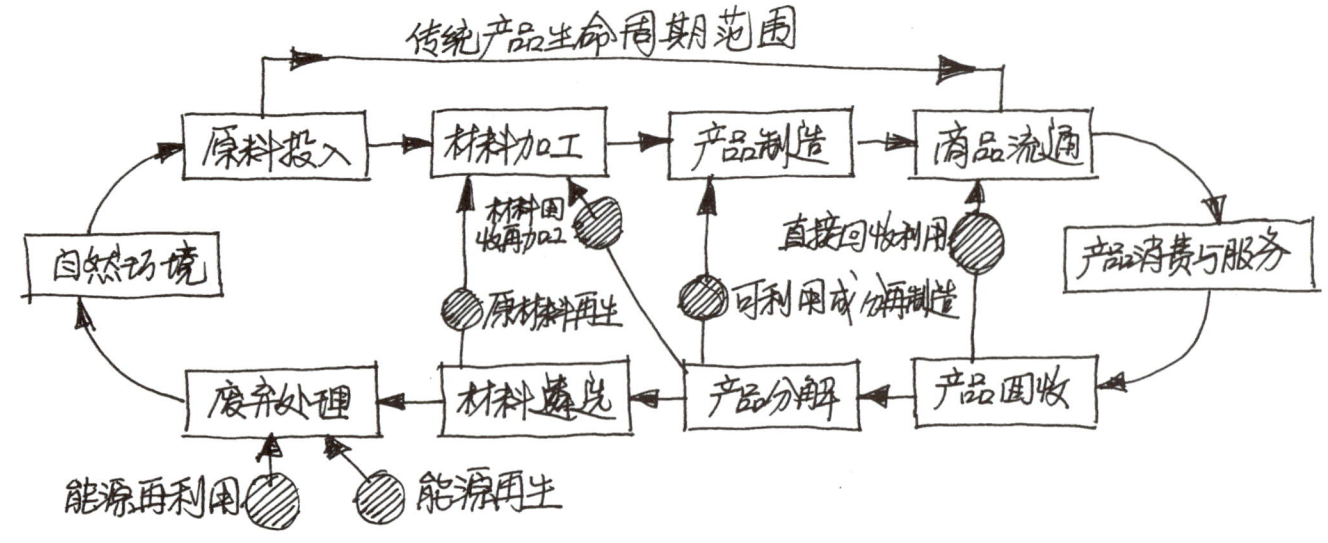

图2-82 绿色产品生命周期与环境关系图

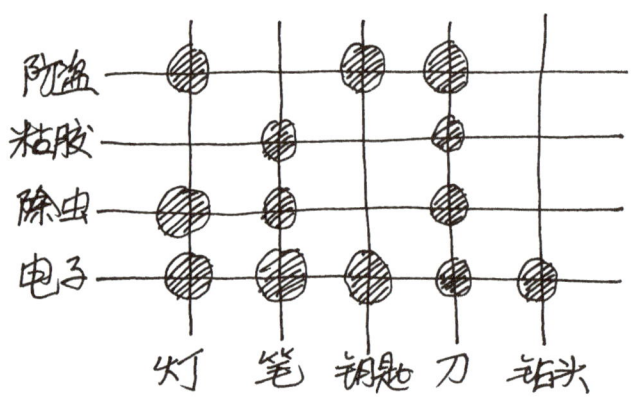

图2-83 搜索新产品概念的矩阵图

图2-84 产品设计矩阵图

矩阵图还有一种更为普遍的形式就是图表。它通常在时间、空间上表示事物或想法的抽象概念。表达事物的抽象概念时,可以通过图示便一目了然。如果我们在构思时,可以借助表格图先纵横分解,后上下交错,开拓思路,激发无限创意(如图2-84所示)。

4)思维导图

思维导图是由英国心理学家、教育家东尼·伯赞(Tony Buzan)在20世纪60年代初期所创,是一种放射性思考的图解方法。放射性思考是人类大脑的自然思考方式。每一种进入大脑的资料,不论是感觉、记忆或是想法——包括文字、数字、符号、线条、色彩、意象等,都可以成为一个思考中心,并由中心向外发散出成多条分支。每一个分支代表与中心议题的一个连接,而每一个连接又可以成为另一个议题,再向外发散出成更多分支,这些分支连接实际上记录了思维发散的过程,形成一幅"思维地图",这就是Mind Mapping的由来。

如图2-85所示的思维导图的议题是"我的大学目标"。运用思维导图展开对大学习生活进行展望和规划,分别从"生活""学习""社交""娱乐"等几个方面展开畅想,每个方面再细分出一些具体的指标和要求,通过一个形象化的构图将碎片化的想法变为条理清晰可见的图表。图2-86的是对一根木头的思维导图。

5)模型

前面介绍的图解工具都是平面的,其特点可以快速表达。而模型则是立体的图解工具,优势在于通过视觉触觉直接感受材料的特性、色彩、触感表达内心的想法,并且可以在制作过程中利用"真材实感"进行不

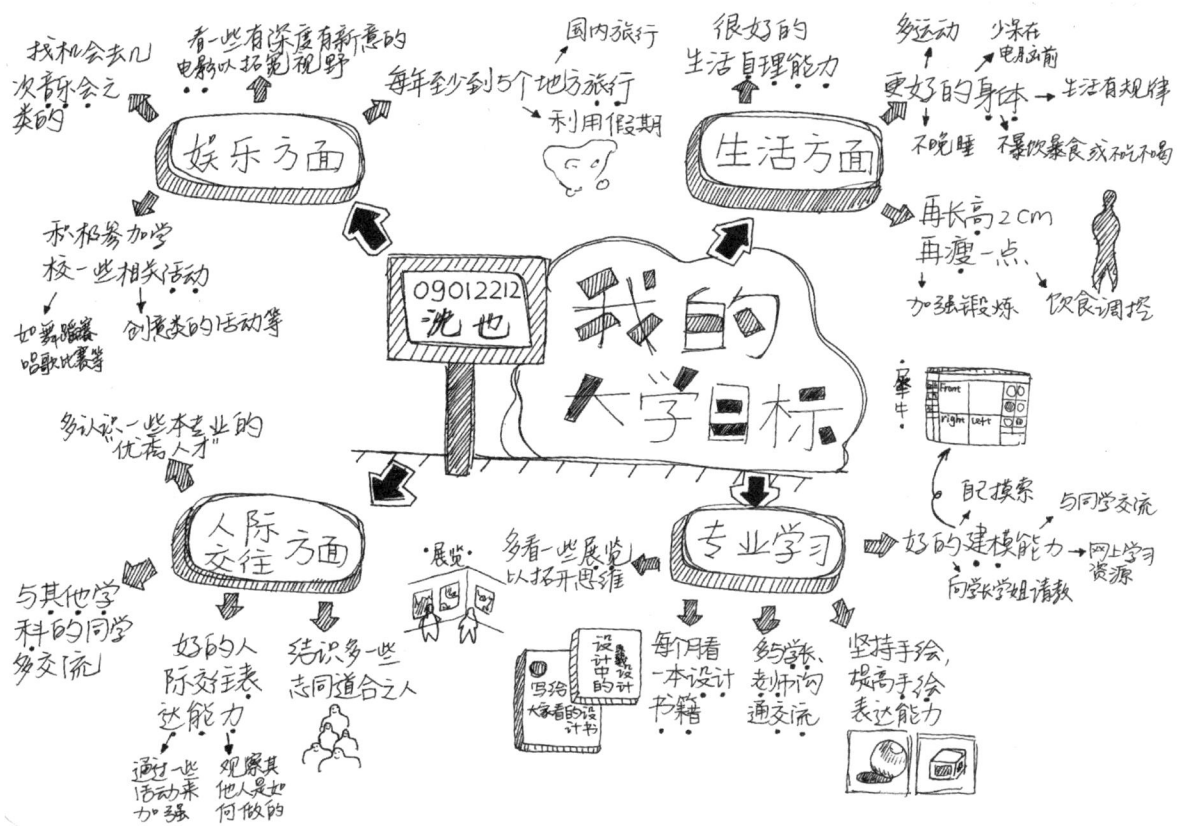

图2-85　我的大学目标/沈也

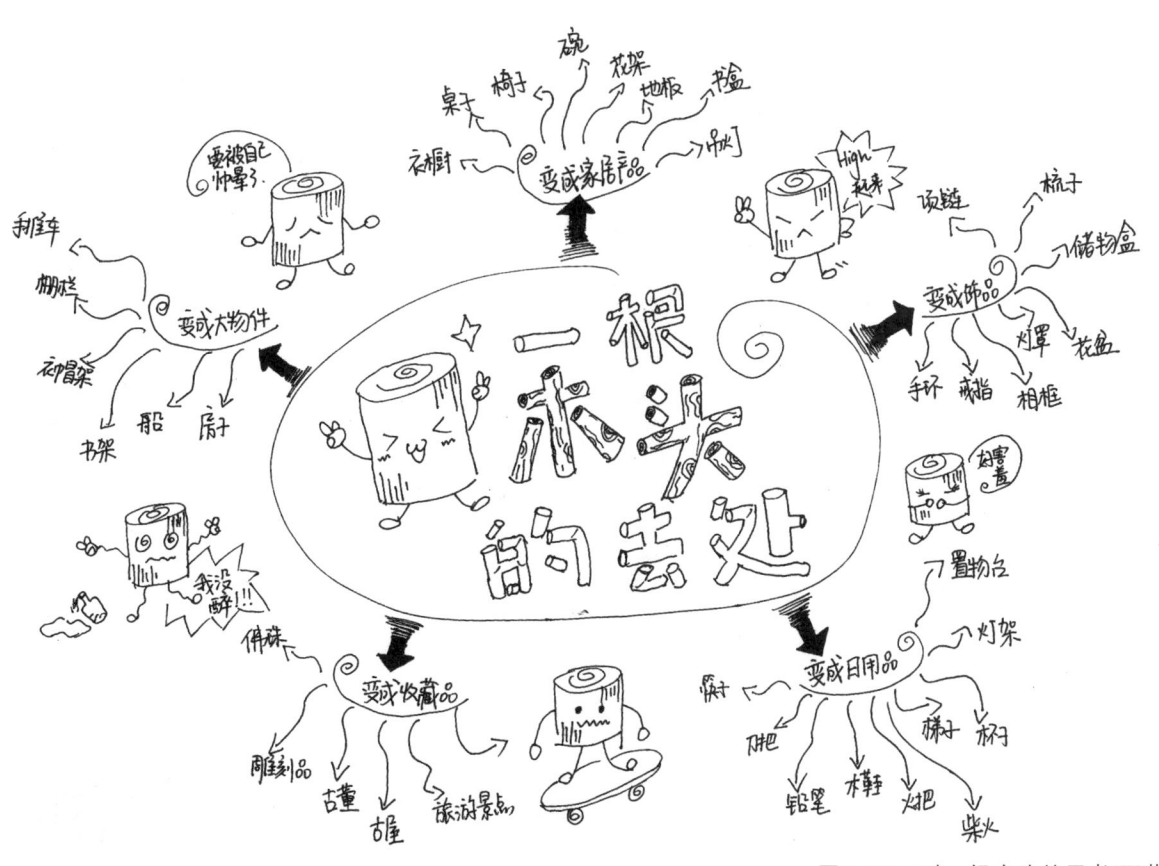

图2-86　对一根木头的思考/王茜

断地思考和修改，甚至在不经意中发现新的点子，这在科学发现中也不乏先例的。

模型的种类有概念模型、测试模型、工作模型、展示模型等，涉及的材料有木材、石材、塑料、金属、陶瓷等。但作为图解思维的工具主要指概念模型——实际上是一种"立体草图"。借助易加工、成型快的材料，方便反复拆装、修改，来构成简单的形体，帮助构思者在体量、构造、材质、空间尺度等方面提供直观判断。《天才的13个思维工具》一书中对模型的描述对我们有更多的启发意义：关于模型的最为重要的地方就是能够给制作模型的人对物体和思想完全的控制——或者，反过来，它能够让制作模型的人知道哪里还缺少控制或理解。在学校里，模型可以用来掌握各个学科。比如，在数学课上制作模型可以强化对概念的理解。一个学生越早懂得每一个公式都有其物理的表现以及每一个物理现象都有其数学的模型，那么他就越有进行发明活动的能力。并且肌肉感觉和视觉之间有着直接的联系，因此制作模型可以提高视觉思维能力。图2-87和图2-88是杭州电子科技大学学生以动物为素材的模型作业。

3. 知识点

意象和想象都有模糊性和短暂性的特点。即使是对同一个对象的观察，内在意象在不同时间和不同的角度会重新建构；想象也不会像放录像那样能原封不动地重放，会不断地变化。所以要借助思维工具把这些东西记录下来，并在意象、想象和视觉图像中为思维增加动力因素。这个方法就是"构想视觉化"。

构想视觉化是通过徒手画和模型将思维结果呈现出来，所谓"视觉化"就是图解（模型是立体图解）。在此要澄清一个误解：图解需要艺术天赋。其实图解仅仅是一种表达方式，这种表达可以借助艺术手段，而不是依赖。图解与绘画的不同在于前者是与酝酿构思有关的设想形成过程，后者则是将完整设想同他人交流展示的过程。

图解是视觉的自我对话，而绘画艺术更多的是视觉的对外交流。进一步说："用图解扩展思维和用图画交流成熟的想法常常容易混淆。图解构想先于图画交流，图解构想有助于发展值得交流的形象方案，因思维流动得很快，所以构想常常是徒手画的，靠印象和快速完成的。由于同他人交流需要表达清楚，所以图画交流需要正式、明确和费时。仅仅强调图画交流而不考虑图解构想的教育，不知不觉地妨碍视觉思维。"

"构想"，或者说"想法"是思维的结果。"想法是感觉、想象和思维的内在构造物。"把感觉和想象记录下来可以借助文字和图解，而后者能直观地表达出来。因为图解是对人脑思维过程的模拟，是对视觉思维的加工——把复杂的东西简单化、抽象的东西具体化、无形的东西有形化。无论是在理解对象、记忆信息，还是解决问题，图解构想比文字表达有明显的优势。可以通过图形、图像、图表、关键词，把思考过程呈现

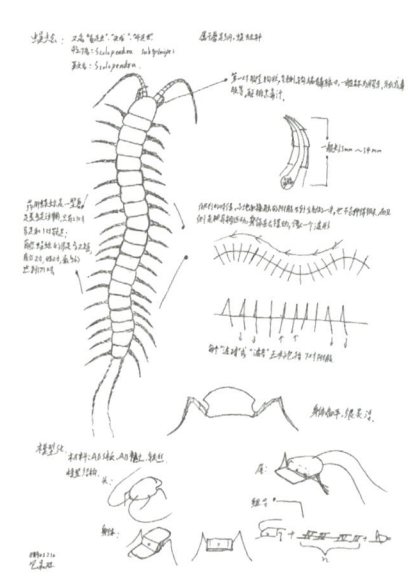
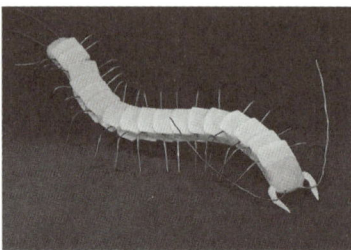
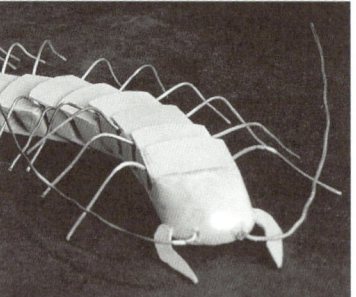

图2-87　蜈蚣/包晨炬

图2-88　有角甲虫头部形态/王莹

出来，帮助我们分析、理解、沟通，开辟更多更好的思路。所以说图解是一种视觉思维的工具。

作为一种思维工具，文艺复兴时代巨匠达·芬奇运用得极为出色。现存的5000幅达·芬奇手记生动地展现了大师创造性思维的过程和成果（见图2-89）。后人对这些图文并茂的资料一方面被作者丰富的想象力和预见力所折服；另一方面又因手记中图解草稿的模糊性、不确定性而迷惑不解。其实这正是创造性思维过程的特征。它随着思考者的情感、环境、角度的变化而变化，记录思维过程的图解不断地在刺激思维，从而产生新的联系和成果。不要以为善于形象思维的艺术家对此情有独钟，科学家也是这方面的高手。生物学家达尔文也是采用图解笔记的方式记录、分析和整理物种资料，最终完成了进化论巨著——《物种起源》的。

图解构想是一种表达形式、一种工具、一种语言，作用是记录、交流和研究，也是记录思维过程和辅助思考。事实上思考者不断地记录下自己的点滴构思，可以是视觉上的，也可以是只言片语的，只要是与思考目标相关联的，不管用什么手段都可以记录下来。草图或者模型在某种程度上都是"凝固"思维成果的过程。笛卡尔早就说过，没有图形就没有思考。斯蒂恩则认为，如果一个特定的问题可以转化为一个图像，那么就整体地把握了问题，并且能创造性地思索问题的解法。所以，一张充满灵感的图解将有力地推动创新思路的发展。图解还是一种将复杂因素转化为概念要素，并以一目了然的方式表达出来，直观的图解形式便于加深理解、增强记忆。与文字传达不同的地方是：图解不需要通过抽象理解等复杂过程就能明白的记录方式。归纳起来图解的功能有：

a. 使构想一目了然，促使构想间的联系；
b. 使构想生动灵活；
c. 使构想具有逻辑性。

马尔科姆·克雷格在《看清你的思维图谱》中对图解有进一步的描述："我们的教育制度过分强调了线性思维，除幼儿班外，绝大多数都已放弃了图形思维教育方法。尽管教育制度束缚了我们的思考，但实际上在我们试图了解世界时，大脑中总会形成一种对事件的'可视化'图像，也就是环境感知图（mental map），该图的根本之处在于模式，每个人的头脑里都有属于自己的结构化模式，除非以某种方法表现出来，通常情况下它不为外人所知。'心智图'（mind map）是表现方式之一。除非图像能够被记录下来，例如，画在纸上或白黑板上，否则对头脑中各主题之间的内容和关系，就算形成图像的本人也不能十分肯定。针对这类图形，巴得华（Budwar 1996年）和

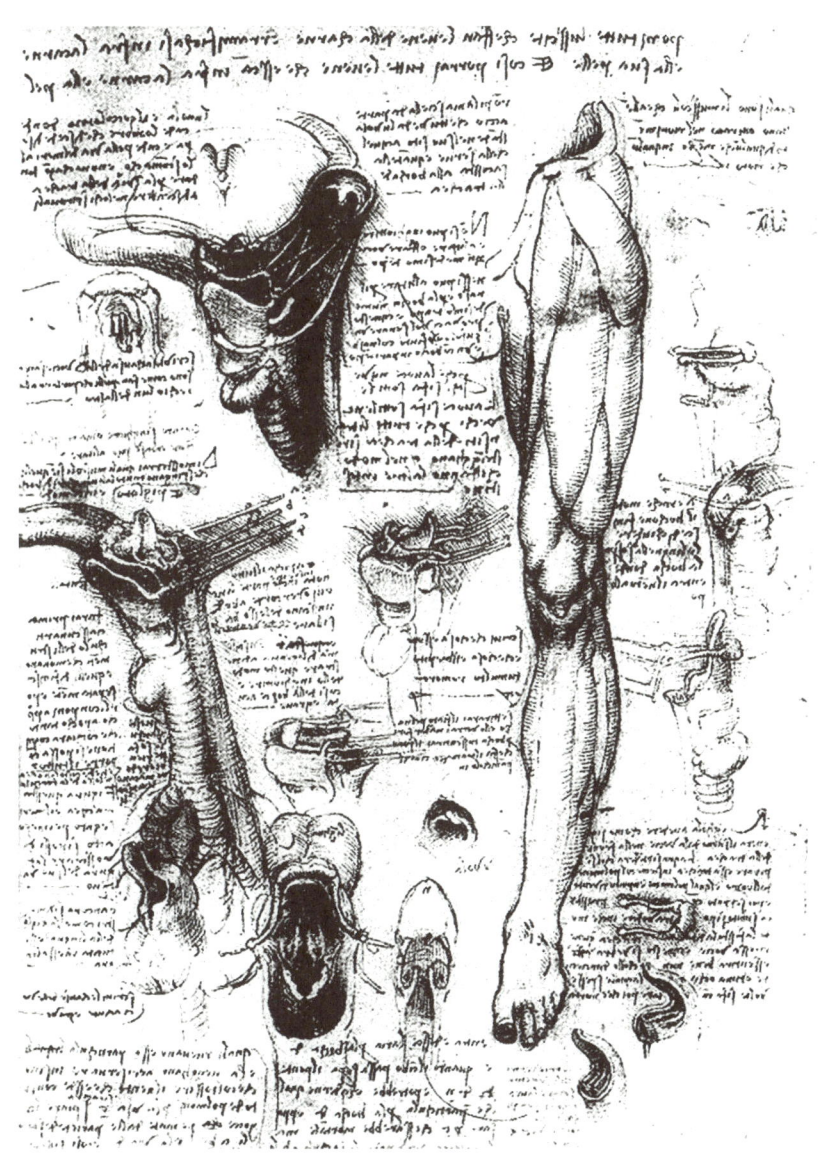

图2-89　达·芬奇手记中的构想图

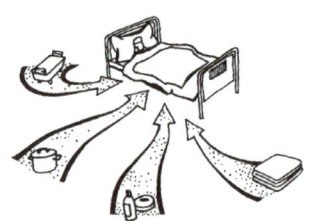

图2-90　医院功能图

图2-91　家具功能图

伊登（Eden 1990年）提出了一个术语——感知图示（cognitive mapping）。通过这种方式，我们可以将大脑中所形成的反映真实世界的图像转换成图形。这样，别人就可以'看到'绘图者是如何感知问题和形势的，而绘图者自己甚至也可以通过绘图来发现自己的思想过程。"图2-90、图2-91就是用图解的方式展示思维成果的"感知图示"。

4. 设计实践

实践训练：图解构想

设计要求：

1）突出重点——要尽量多地采用图像符号，尽量使用各种颜色、或者通过层次的变化以及间隔的设置、线条的粗细等方式，突出构图重点；

2）发挥联想——围绕中心主题内容进行思考，画出各个层级或分支，尽可能地发散思维，引发联想，并使用各种色彩和符号——箭头、圆圈、三角、下划线等丰富表达手段；

3）条理清晰——为了达到清晰明白，各分支之间的关系要清晰明了，层次分明，文字书写工整，使用各种结构形式进行表达如直线型、树型、梯度型或放射型等；线条粗细有别，图形符号清楚，能够表达相应的含义。

设计步骤：

1）首先，设定一个课题，并围绕主题展开构思和联想；

2）使用一种主要的结构形式为进行构图，分层级、有条理地进行图形化表达；

3）围绕主题列出相关的分支内容，注意分支不能过于复杂，最好不要超过10个。并用不同粗细和色彩的连线、箭头、阴影在主题与分支之间表示相互的关系；

4）在各分支下用简易的图形、符号、文字等进行图形化表达；

5）最后，整理各个分支内容，寻找、调整它们之间的关系，用图形、颜色等符号强调重点，如图2-92至图2-101所示。

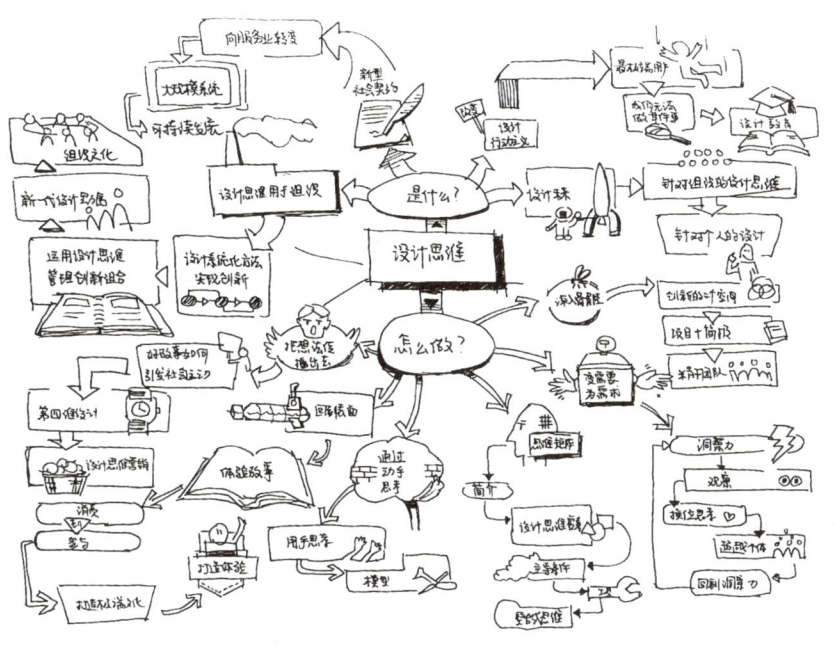
图2-92 设计思维/李艺凝

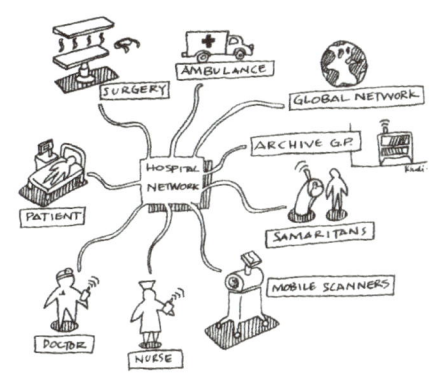
图2-93 未来医疗构想图/飞利浦

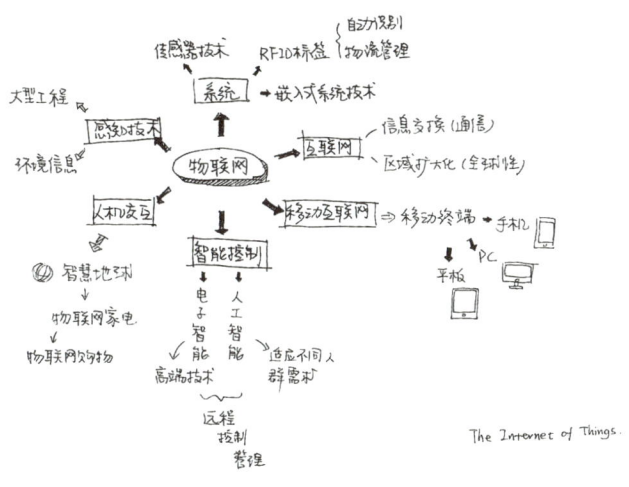
图2-94 物联网/李艺凝

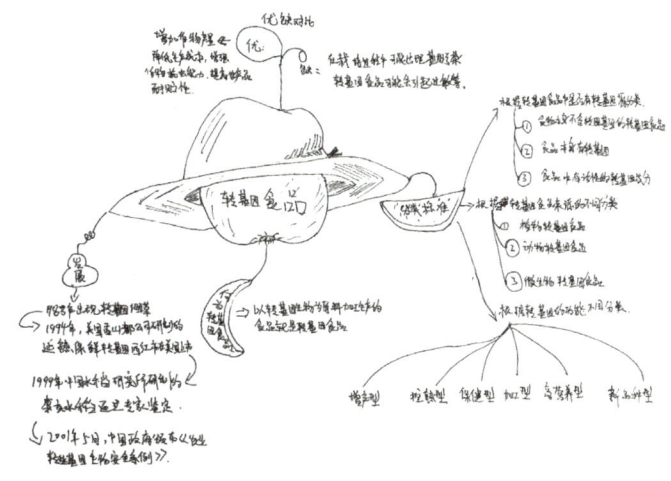
图2-95 转基因食品/黄国涛

思维视觉化训练课题：
1）图解"概念"
·设计思维·转基因食品·低碳生活·物联网
2）图解"程序"
·新生报到·网上购物·公共自行车租用·考驾照
3）图解"架构"
·家谱·图书馆·医疗机构·我的公司
4）图解"空间"
·我的寝室·校园·我的家乡·杭州一日游
5）图解"想法"
·一个奇思妙想·我的创业计划·向动物学什么
6）图解"关系"
·人与自然·人际关系·中美关系
7）图解"构造"
·学生宿舍床·鼠标·书包·人体

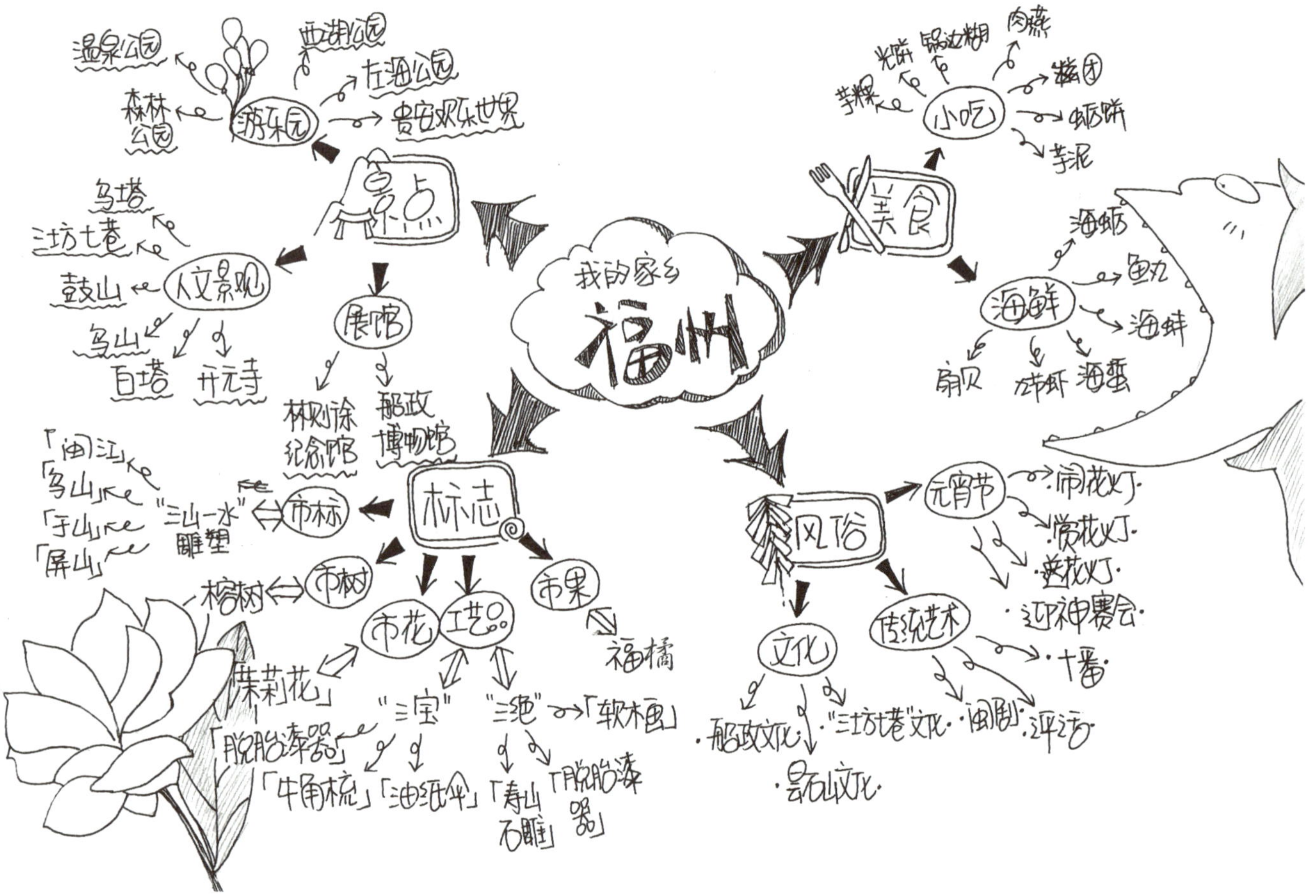

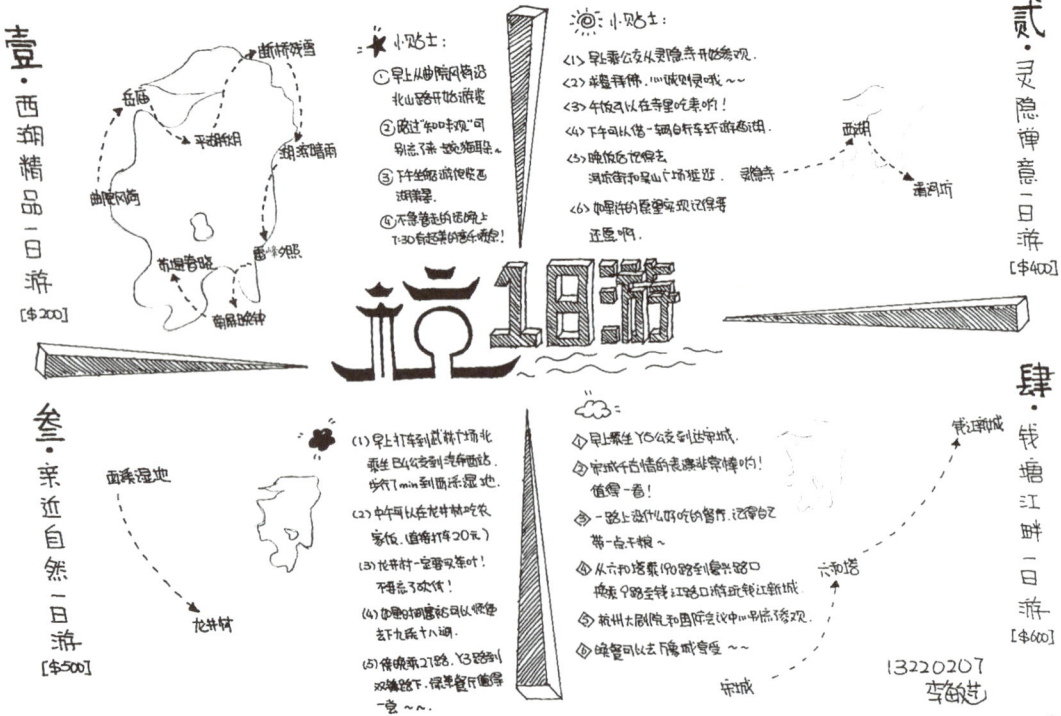

图2-96　我的家乡也很美/陈宇曦

图2-97　杭州一日游/李敏菡

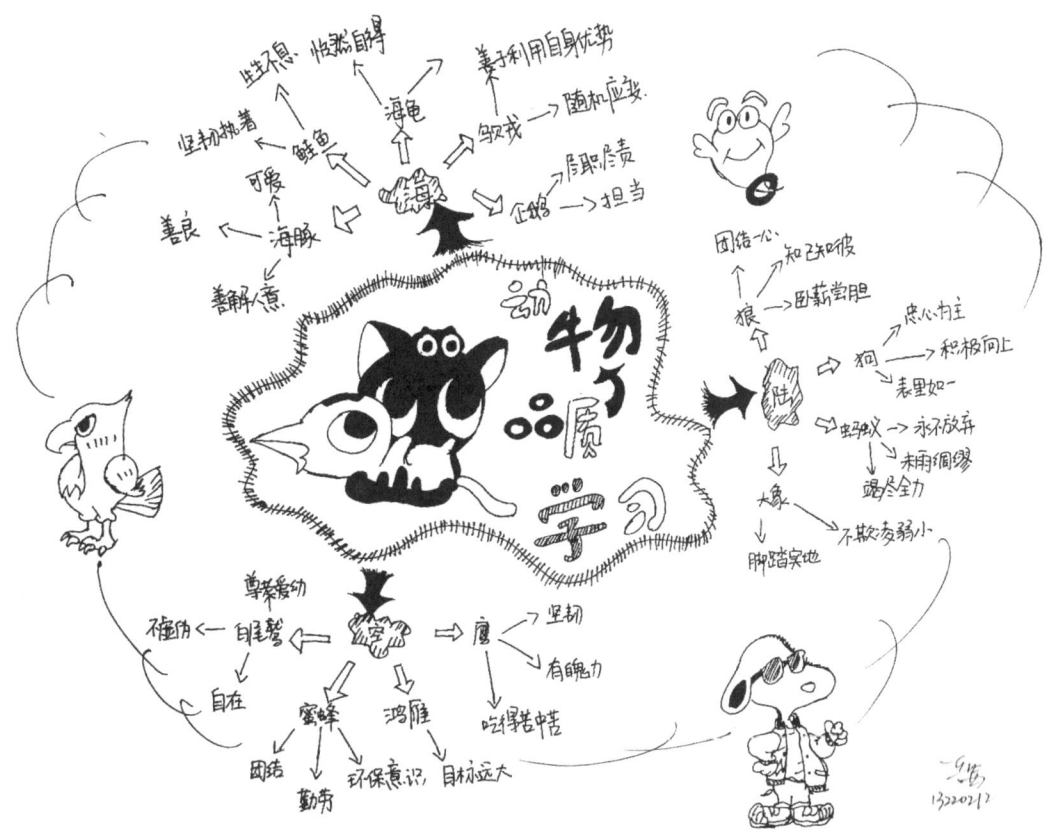

图2-98 向动物学什么/王茜

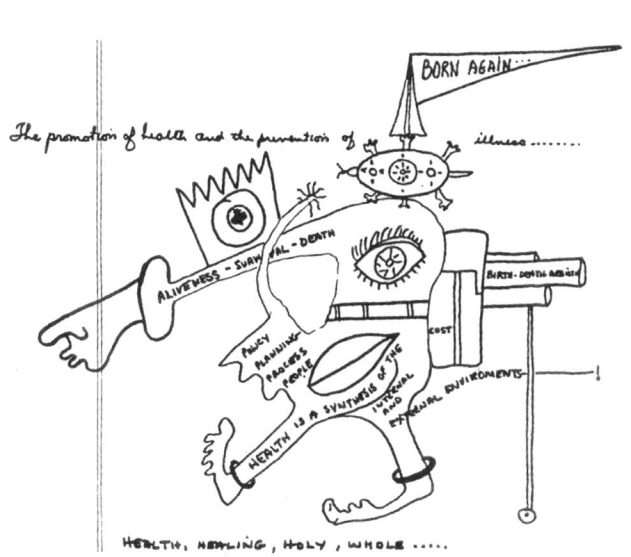

图2-99 会议笔记/伦德纳·杜尔

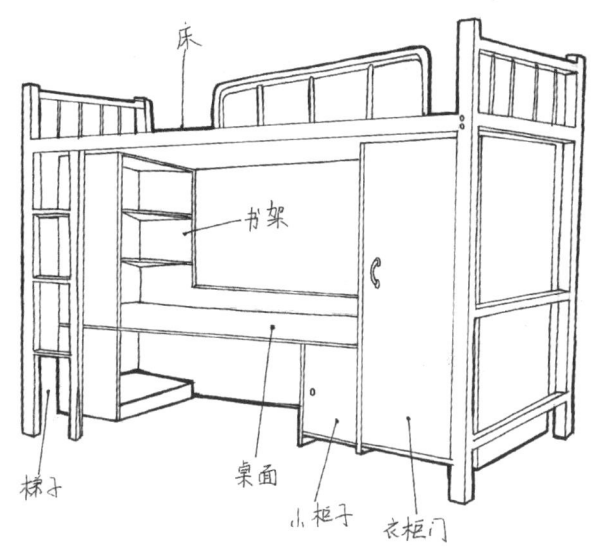

图2-100 大学生宿舍床/谢迪骁

图2-101 德国门窗结构/尾妹河童

设计课题2：设计研究

如今已开始进入信息时代、知识经济的社会，在这种时代背景下，创新设计将不再仅仅局限于单一的设计对象进行研究，创新设计将更多地在具有"广泛性"和"纵深性"两个维度上展开探索。设计将变得更具复杂性和多样性，因此研究型设计将是未来设计的重要方向。本节利用设计研究的方式展开设计探索，通过设计训练掌握基本的设计流程和研究型设计的基本规律。

1. 课题要求

课程名称：设计研究
课题内容：设计探索与研究的原理和方法
教学时间：12学时
教学目的：1. 学习如何从研究的角度做设计；
    2. 懂得发现问题、分析问题、解决问题这一设计基本流程；
    3. 初步掌握综合性设计的原理、技巧和方法。
作业要求：1. 以设计小组的形式进行，小组成员相互协作；
    2. 通过查找资料、文献和现场调研等方式展开设计研究；
    3. 用实物模型的方式表现设计方案，制作合理，材料运用恰当；
    4. 设计过程中需要对设计方案作测试验证。
课堂作业：综合设计研究训练

2. 案例分析

案例1：简单生活

曾为联想公司服务过的设计公司ZIBA总裁梭罗·凡史杰认为，设计的伟大之处是建立产品与消费者之间联

图2-102 CD机/深泽直人

图2-103 Rice Cooker/深泽直人

系的过程，与人的需求建立联系，与人的渴望建立联系，与他们的文化和所处的世界建立联系的过程。有的时候，帮助人们在他们的情感和自我之间建立联系也能得到很大的共鸣。当下人们面对越来越繁复纠结的现代生活，渴望回归质朴生活的内在需求愈发强烈，简单主义的设计风格正好投射出这种需求。丹麦著名设计师保罗·汉宁森的PH系列灯和阿纳·雅各布森的"天鹅椅""蛋椅""蚁椅"等，这些被传为佳话的简单设计，虽然体积都不大，结构也不复杂，但是对于产品的想象力，影响却是十分巨大。这影响源自对人的关怀，对产品功能科学性的分析，以及对材料真诚的尊重。怎样才是最好、最合理，如何取得这种平衡？日本著名品牌"无印良品"在近年来做了很大努力。无印良品的理想并不是诱发消费者产生所谓"这个最好""非它不可"的强烈喜好为目的。它要带给消费者的是一种"这样就好"的满足感。无印良品的最大特点之一是极简。它的产品拿掉了商标，省去了不必要的设计，去除了一切不必要的加工和颜色，简单到只剩下素材和功能本身。除了店面招牌和纸袋上的标志之外，在所有无印良品商品上，顾客很难找到其品牌标记。见图2-102、图2-103。

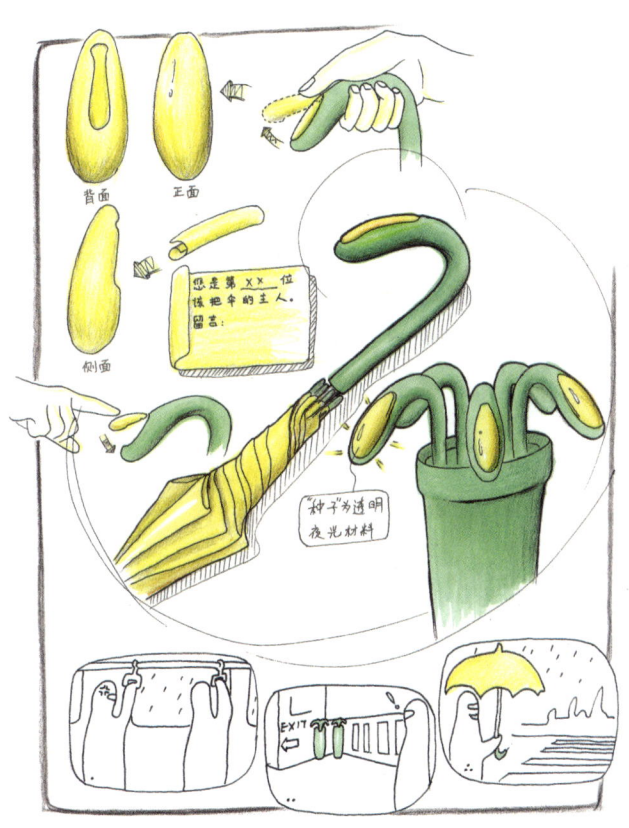

图2-104 种子伞/江海波

在提倡"朴素"和"简约"的同时，更为重要的是为产品注入情感。认知心理学家诺曼认为，情感是生活中的一个必要部分，它影响着你如何感知，如何行为和如何思维。情感使我们聪明，情感往往通过判断，向我们呈现有关世界的直接信息。研究表明，在审美上令人感觉愉快的物品能使我们更好地工作，正如诺曼所说，一个使人感觉良好的产品和系统会较易使用，并引起更和谐的结果。更多的研究表明情感和人们的行为，对日常生活的决策制定等有很大的联系。正因为这样，一个产品的价值更在于产品和用户之间的感情联络。情感化的设计给我们的生活带来了希望。我们要过上一个简单的生活，"简单"当然不是一味地享受生活，过懒散的生活，也不是对生活失去了目标而没有动力，更不是放弃高科技就是简单；"简单"，是心灵上的简单！祝福、回忆、微笑、欢乐……这些才是生活的真谛！我们不是要取缔工业产品，而是要让工业产品更贴近我们的心灵。如图2-104为公共雨伞为课题的设计研究，通过设计者研

第三节 项目三：设计研究

究发现，公共雨伞作为一个为公众所使用的日常用品，类似一种传播媒介，从一个人传递给另一个人。由此引出设计概念，其主要概念是，借用种子作为符号，寓意延续、传播，设计出"种子雨伞"，以雨伞作为传播爱与温暖的媒介。设想把它放在公共场合，通过不同使用者的传递引发情感联想。当人们使用"种子雨伞"时，会看到"种子"中留言条的内容，从而联想到上一位使用时的情景。正是由于上一位使用者的传递，当前的使用者才能在手中握着这把伞并联想着当时的情景，引起使用者的反思：我也应该把这种爱传递下去。"种子雨伞"的关键部分"种子"的设计，它被嵌在伞柄中，用力按"种子"上端，便会弹出来，按下端时就重新被嵌在伞柄中。伞柄背面有开口，用于塞进留言条。材料为透明的夜光材料，在雨夜发出微弱的荧光，带给人以无限的遐想。

案例2：为特殊人群而设计

本课题的核心内容是在解决生活中难题过程探寻设计的基本规律。设计中以弱势群体（如残障人士）为研究对象，围绕解决这一群体生活中面临的困难而展开设计研究，找到灵感和创新机会。同学们自由组成设计团队，分别到幼儿园、敬老院、盲童学校、自闭症儿童康复中心、妇幼保健医院、福利院、民工工棚等地方展开调研。离开校园，到生活的现场去观察人们生活中面临的实际问题，同学们选择访问的人群大都是所谓的"弱势群体"，专门为这些群体设计的产品在市场上相对较少，研究这些少数人就显得更有意义。课题研究的原则是让同学们从小处着手，随着调研、构思、设计、模型制作的展开，来体验"创造力自信心"，并解决看似棘手的问题。如图2-105所示的是以孕妇为用户群设计的用于孕妇产品培训中心家具产品。通过深入调研，发现孕妇经常要外出去进行产前培训，但他们又不便行走，因此提出了建立社区产前培训中心的概念，并以此为使用目标进行产前培训中心的家具设计。针对孕妇对家具特殊的人机工程学要求，并为了方便的产前培训活动地展开和准妈妈们更好地沟通交流，设计了减压护腰椅和组合式曲线型的桌子。

关于设计研究的课题可以有很多，这些课题都源自日常生活中，容易被理解。通过这些课题研究，旨在让我们理解设计的基本宗旨，并且掌握基本设计研究的基本方法。图2-106至图2-109是"折叠与收纳"为专题的研究设计案例。

图2-105　为孕妇而设计/沈莉、汪永清、严胡岳

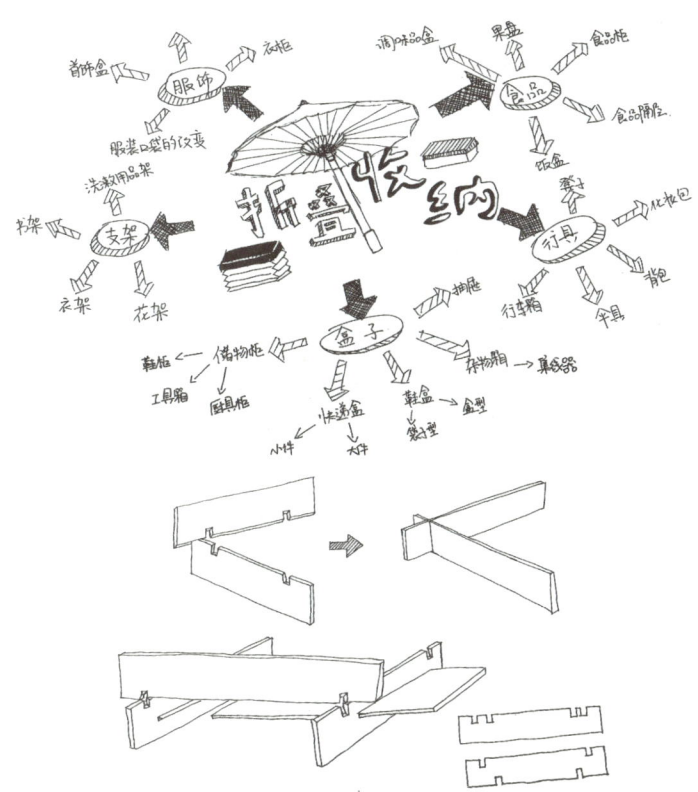

图2-106 折叠与收纳/王茜

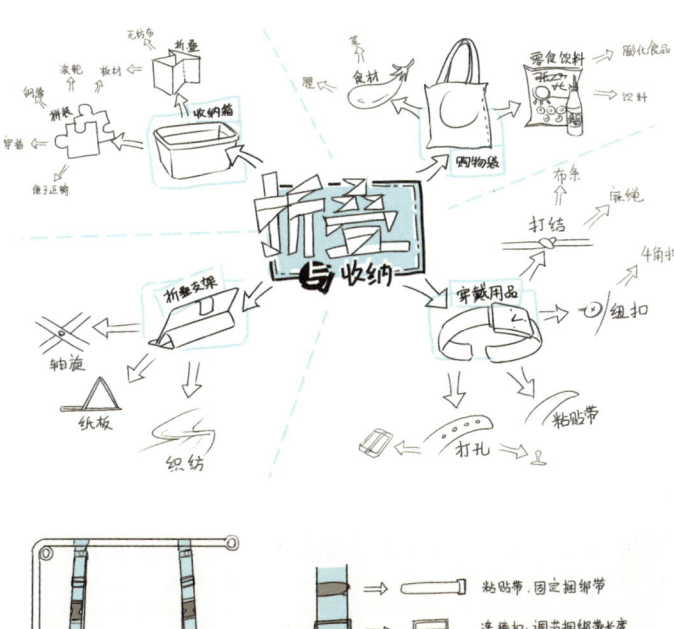
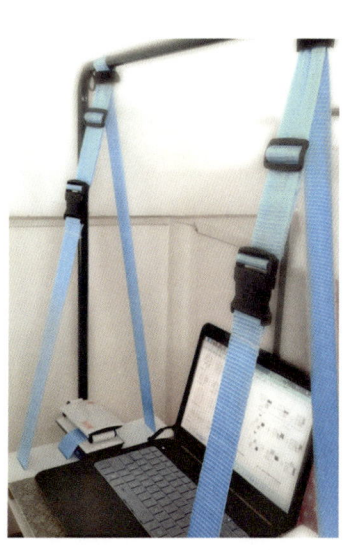
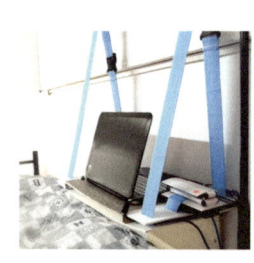

- 这款折叠桌是悬挂式的，灵感源于生活中猫在床上走动，床垫过软，普通的床上折叠桌会不稳当，桌上的东西容易被打翻。

- 背包插扣便于安装在任何水平稳定的栏杆。挂起后可以调节桌面角度，用魔术贴一体扎线带捆绑固定捆绑带。可以用连接扣调节捆绑带长度，以调节桌面高度。穿插在桌面的捆绑带可以固定桌面的台灯和束线，中空的夹层可以储物整理，宽度可以放入速写本、画纸等日常用品。

- 拆卸后捆绑带收纳到夹层中，桌面便与普通折叠桌一样摆放方便。由于安卸方便，此款吊桌能户外悬挂在楼梯杆等稳定的栏杆上，调节两边捆绑带长。

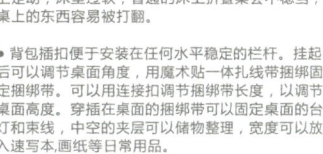
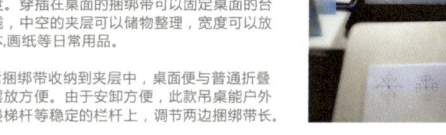

图2-107 折叠与收纳/施玉琼

073

第三节 项目三：设计研究

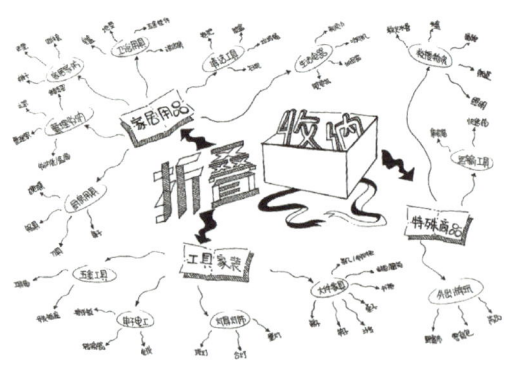

图2-108 折叠与收纳/李敏菌

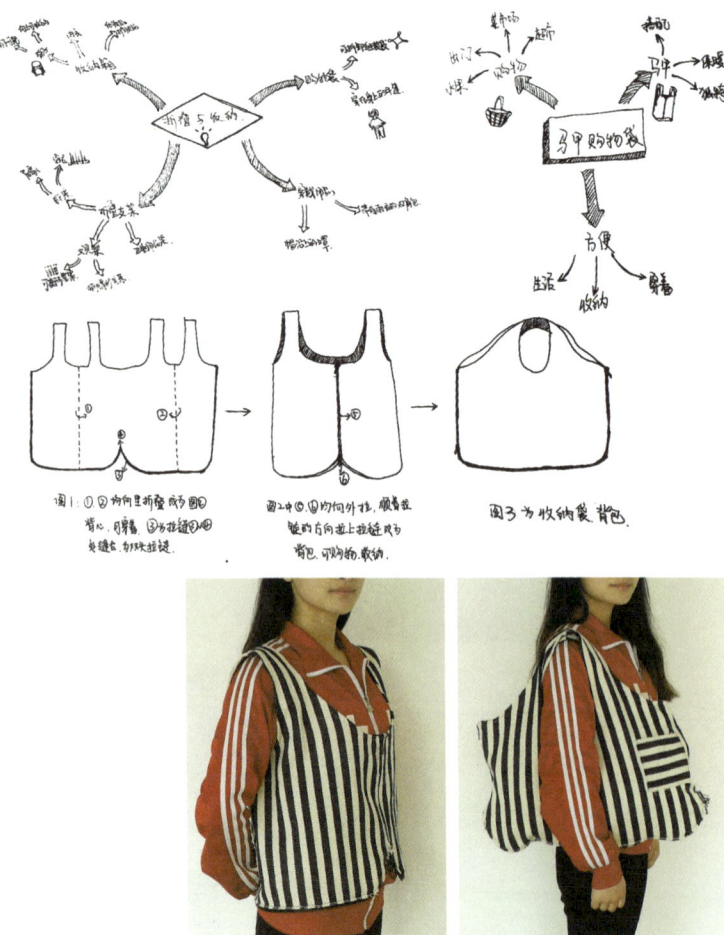

图2-109 折叠与收纳/靳华玲

3. 知识点

1）研究

第一章我们讨论了设计的本质以及如何学习的问题，现在来回顾一下设计过程。我们学过的"孔明锁""连接"等课题设计，构思过程与其说是在遵循某种程序，不如说更多的是按照各自的兴趣点和策略在构思，最终展现出的作业形态千姿百态。事实上就是在设计实务中，同样一个元素，在这个设计师眼中可能被忽视，却被另一个设计师成为推进整个设计的核心。设计本身包含了太多个人的价值判断，才呈现出如此鲜活多变的特征。如果说设计过程是"解决问题的过程"，那么设计的前期可以看成"寻找问题"阶段。而"寻找问题"的路径和方法必然会影响到设计结果。我们把这个过程称之为"研究"。

英语中"研究"——research源自中古法语，意思是彻底检查。简单地说，发现问题和解决问题的过程就是研究的过程。在工作学习中，只要不安于现状，时刻思索钻研，并善于捕捉自己思想火花和智慧的灵感，"研究"活动便开始了。"研究"一词还常被用来描述关于特定课题的资料收集。

2）如何研究

如果说研究是"问题求解"的过程，那么研究的前期阶段则可以看成"寻找问题"。问题和途径就成了研究过程中的核心部分。对于一个问题而言，解答方式往往不只是一种，这就要研究者在整个过程中都面临着判断，特别是早期的判断，会在很大程度上影响最终的结果。判断的过程也是将现有观念重新组合，形成新观念的过程。在思考问题时要确定两个概念：

首先是问题"真实性"的考查，研究者必须确定所解问题是否真实存在，其存在的条件如何，问题的范围大小。需求调查、实地考察等都是考查问题真实性的有效方法。

其次是对问题的"定义"，这是问题求解过程最困难和关键的一步。怎样定义问题往往直接影响求解的过程，因此问题定义本身是求解的一种规划和期望。例如，设计者如果定义"怎样设计一把椅子"，这种定义本身就把问题限制在室内家具的一种概念中。换一种角度作另外一种定义："怎样设计一种能支撑人体重量的装置"，这种抽象的定义方法不仅提供了拓展思维的可能性，而且更贴切问题的本质。

我们可以把所有的设计、研究过程都归纳为"提出问题——定义问题——解决问题"的过程，或称之为"程序"，但这个程序本身并不能给具体问题带来答案。事实上在设计研究过程中的每一步都需要创造力。这种创造力体现在设计研究者身上就是所具备的"设计思维"。那么，创造力能否通过学习、训练而获得？设计思维包含哪些内容？

3）简单生活

到底什么是简单生活？简单生活的概念意味着轻松、不麻烦、朴素、低科技、充满灵性、有目的的生活，再加上有时间做自己想做的事，对自身、环境保持真实的生活。

简单不等于简陋，朴素不等于寒酸。简单生活，就是要保持一种自由平和的心态，随意而率性，不被这个物质社会所诱惑，也不刻意拒绝新科技带给我们的便捷和享受。简单意味着有方法有秩序有选择，因而能够驾驭复杂的局面，举重若轻，复杂的人生问题简简单单地就解决了。

设计是一种语言，是连接制造商与消费者的纽带，设计者应该将要素进行恰当组合，简单主义就成了人们简朴生活的心理回归。简单设计并不是一刀切式的整齐划一，而是一门既讲究科学，又是充满跳跃灵感的技艺。优良的简单主义是在设计的删减过程中来寻找空间、线条和形式的博大内涵。

简单更是一门哲学，需要有大智慧、大舍弃。快节奏已经使人们越来越远离生活，人们奔走在钢筋水泥的森林中，追寻着所谓的幸福，其实离幸福越来越远。各个年龄层的人们承受着各自不同的压力，各种各样的病症也接踵而至，如亚健康、神经衰弱、失眠、颈椎病等。一些新兴产业的出现可以看得出来——大街上越来越多的瑜伽馆、按摩馆、美容院、足浴房，其实病源大都在于人们的心理。现代人总有太多的欲求，被这个新事物层出不穷的年代牵着自己的鼻子走，为太多的事物所诱惑，说不清自己想要什么，又好像什么都想要，这样的生活不可能简单起来。

要治疗上述病症，医学固然是一种手段。我们认为从根本上要改善人们的生活方式，设计是有效工具。设计可以提高生活方式，也可以激发起人们对生活的积极情感。人对物质世界的反应是复杂的，这些反应是由各种因素决定的。有些因素来自外部，而有些因素源自个体内部经验。根据诺曼的情感化设计理论，设计有三种层次——本能的、行为的和反思的——在经验形成中起着各自的作用。三种水平都很重要，但每一种水平都需要设计者使用一种不同的方法。本能水平的设计主要对应外形，行为水平的设计主要对应使用者的乐趣和效率，反思水平的设计主要对应自我形象、个人满意、记忆。

在此我们主要关注反思水平的设计。对于一个人来说，反思水平的设计与物品的意义——某物引起的个人回忆或者特别情感有关。特别是那些具有特别回忆或者联想的物品，人们往往很少集中于物品本身，而是该物引出的故事或者积极美好的（消极的）联想。在设计中引入能激发对于简单生活的向往或是美好联想的"催化剂"不失为一个好途径。

关于简单生活的对话
师：大家对"简单生活"的命题一定有各种各样的解读。每个人理解、思考的角度不同，提出问题和解决方式也不会相同。所以，我们不要急于提出解决方案，通过阅读和交流的基础上拓展我们的视野。

生：有本书是尼古拉·波辛写的《踏着时间之乐起舞》，书中有段话使我印象很深：生活是我们都被卷入其中、不停地旋转的符号之舞。当人们在同类的叫声中认识到了一个共享的更广泛的意义、某种共同的东西时，一种共同的语言和共同的世界就开始了。生活其实真的可以变得很简单，在这个到处充斥着喧嚣和躁动的年代，为了生存，人们的思想变得越来越复杂，许多人追求的并不仅仅是"幸福"那么简单，他们所需要的是比别人更幸福。于是他们拼命地努力，只是为了别人眼里的幸福，为了豪宅、名车以及他人眼里数不清的幸福。最后他们失去了最本质、最单纯或者是最简单的幸福。

师：最近一期的《读者》杂志上有篇文章就谈到现代人最容易犯的"目标困惑症"。作者在华尔街就遇到众多的目标困惑症患者，曾经问一位作风一贯顽强的交易商为什么一天到晚总是在工作，他回答道："你怎么这样问？你以为我喜欢这样啊，我这么辛苦地工作只是因为我想挣更多的钱！"当问到真的需要那么多钱时，这位交易商一脸苦相地回答，"我刚刚结束第三次婚姻。每个月都要支付三份抚养费，我都快破产了"。"那你为什么总是离婚呢？"交易商叹口气回答道："我的三个前妻都抱怨我用在工作上的时间太多，置家庭于不顾。她们根本就不知道挣钱有多难！"患上了目标困惑症的人往往专注于"挣钱养家"这个任务，却把家这个目标完全忽略了。

生：我觉得人们正在逐渐地遗忘这些大自然赋予我们的最珍贵的财富：阳光、空气、水、思想、艺术、温情，这些容易被人们忽略的东西，或许需要大声提醒人类：它们同样是幸福生活的要素！简单生活自有简单生活的美。新鲜的空气、充足的食物、音乐、书籍、自行车，谁说它们不能使人愉悦，使人健康而怡然地生活呢？

生：但是简单生活不等于苦行僧，也不是要回归陶渊明的"田园生活"。我们有必要向陶潜的"悠然南山下"精神学习，让我们的心态回归平和，看风景得取决你的心情。现代社会的进步是矛盾的，一方面我们的生活变得更简洁；另一方面新的进步又带来新的难题和麻烦，像达尔文进化论说的一样，为了不被淘汰，我们只能不停地进化，不停地发展新事物。然而在适应的过程中，我们已经完全脱离了生活的真谛。浮躁的人们已经来不及品味什么是生活，大家习惯了为生存而生活。难道生活真的有这么冷酷吗？其实生活掌握在我们自己每个人的手中，就看你怎么选择，换句话说，我们可以选择简单的生活。为何不尝试拒绝一切对你来说没必要做的事，为何不尝试放弃所有对你来说是多余的现代科技产品？美国作家爱莲娜提出让内心回归平和，这是一种更高境界的"简单生活"。不是生活程序被机器代替就是简单，内心感到平静、轻松，没有多余的负担，这种生活才是真正的简单，偶尔的繁琐程序也是简单生活的需要，为我们的生活添了一份生气。所以真正会生活的人，会自己选择自己的生活方式，不会被很多习惯和外界因素所干扰，做自己想做的事，享受生活的过程。

4. 设计实践

实践训练：综合设计研究训练

设计要求：选定研究课题，明确研究对象，以小组（3-5人）为单位进行。要求设计调研中除了资料查阅、网络调研等方式之外，还要针对用户及相关情境展开现场调研。设计构思和方案表达可以运用草图、效果图及实物模型相结合的方式，并对设计结果做评估测试。

设计步骤：

1）明确课题

首先根据课题要求，确立研究课题和研究对象，明确设计任务和初期目标，列出研究计划。

2）设计调研

对研究对象展开设计调研，运用问卷调查、访谈、观察、任务分析等调研方法，对用户展开深入调研，并对环境、现有产品及技术等作基本分析。从调研中发现问题，理清设计问题脉络和相互关系，找到潜在需求和创新可能（见图2-110）。

3）设计构思与设计方案

结合前期调研结果，运用思维导图、情境故事法和头脑风暴法等方法展开设计构思（见图2-111）。通过评审择优选择创意方案，运用草图、效果图或原型等方式展开进一步地深入设计，细化设计方案，明确设计细节。

4）设计草模制作与测试评估

在草图方案的基础上制作若干设计原型，并对其进行试验和评估，据此调整和优化设计方案，选定设计方案。

图2-110　设计调研

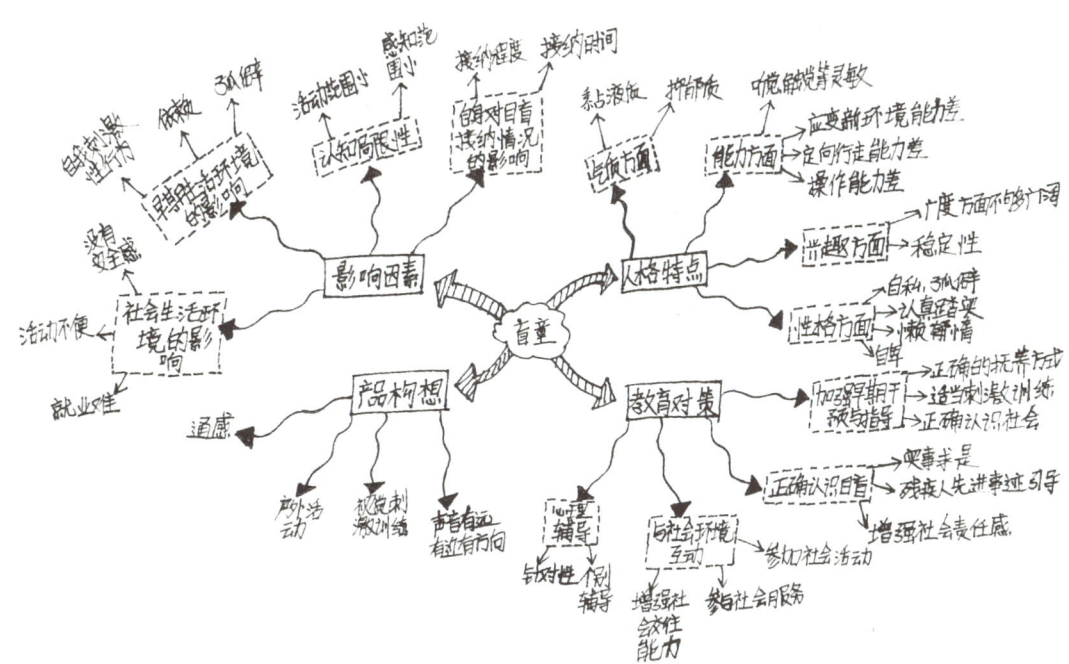

图2-111　为盲童设计产品所作的思维导图/魏曦月

5）制作实物模型。首先绘制出产品各零部件的尺寸图，要求尺寸、形状和结构尽量准确，然后可以使用卡纸、瓦楞纸、陶泥或木材等易加工材料进行最终模型制作（见图2-112）。

6）版面设计
将草图、模型、设计说明、照片或效果图、使用情境等内容，以设计版面的方式进行制作，以充分说明设计创意及整体效果（见图2-113）。

图2-110至图2-113是"为弱势群体"设计的研究过程展示。

图2-112 模型制作

图2-113 盲童认知游乐具设计/孟咖羽、魏曦月、孙樱迪

第三章
设计作品赏析

第一节　思维视觉化作品赏析

第二节　手脑联动设计作品赏析

第三节　实验设计作品赏析

第一节　思维视觉化作品赏析

思维可视化是用图形、文字和符号把本来不可视的思维呈现出来，如思考内容、方法和路径，使其清晰可见的过程。被可视化的"思维"更有利于梳理、记忆和交流。所以思维可视化成了创新思考的工具。思维可视化有两种主要的形式：思维导图和概念地图。

思维导图是一种放射状的辐射性思维表达方式。所表达的观念之间通过与核心主题的远近来体现内容的重要程度，它在了解人们的思维图谱方面的作用极其有效。思维导图强调是人的思想发展过程的多向性、综合性和跳跃性。而概念地图是用来组织和表征知识的工具。它通常将某以主题的有关概念置于中央，然后用连线将相关的概念和命题连接，连线上标明两个概念之间的意义关系。概念地图在表达逻辑关系和推理方面发挥着很好的作用；在很大的程度上，它是多线性的思维表达方式。

1. 思维视觉化优秀作品

图3-1是德国生物学家恩斯特·海克尔1866年绘制的生物进化概念地图，用树状图形将复杂的生物概念形象地表达出来，生物种类的进化分离决定了树枝分叉的节点，形象，直接，一目了然。

图3-2是拿破仑攻打俄国战役的概念地图。这张图表达了这几个方面的含义：军队变化的数量用不同宽度的线条连

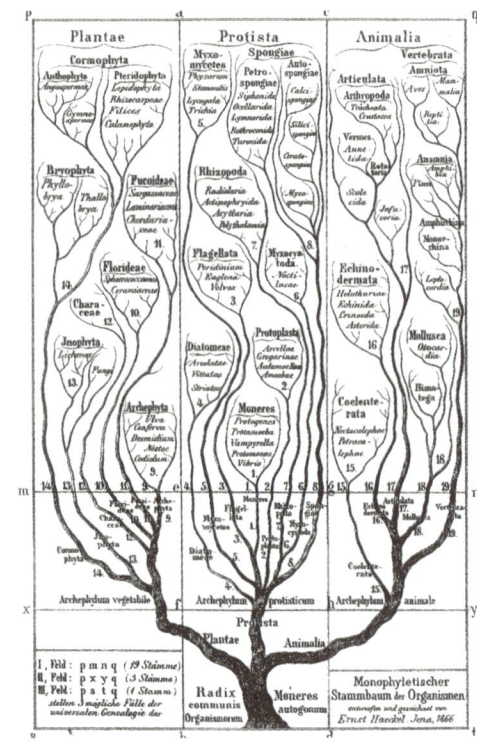

图3-1　生物进化树

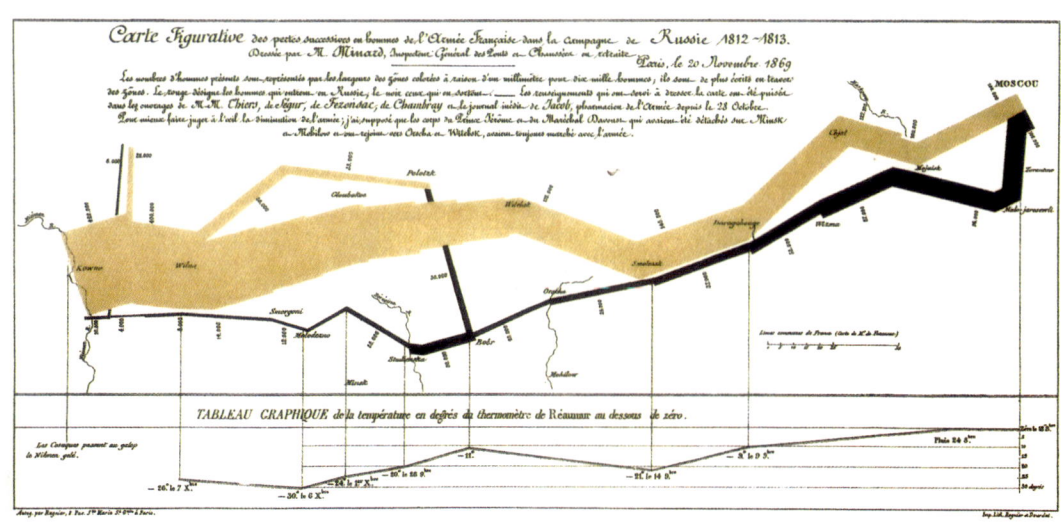

图3-2　拿破仑攻打俄国战役图

续表示;军队行进路线的经度和纬度分别用不同的线条表现;军队行进的方向用颜色区分开来,黑色代表败退,褐色代表前进;军队的位置和相应的日期对应;退败沿途的气温也进行了标注。

图3-3形象地显示出ALES和LAGERS两大啤酒系列与下属品牌的系属关系。主体信息有机地与信息单元练习在一起,信息间的逻辑关系显而易见。

图3-4运用了大小不一的彩色箭头表现了微软与谷歌、苹果等大型公司在计算机领域的战争。引导符号在画面上构成的具有动感的视觉力场,将所要表达的内容凸显出来。

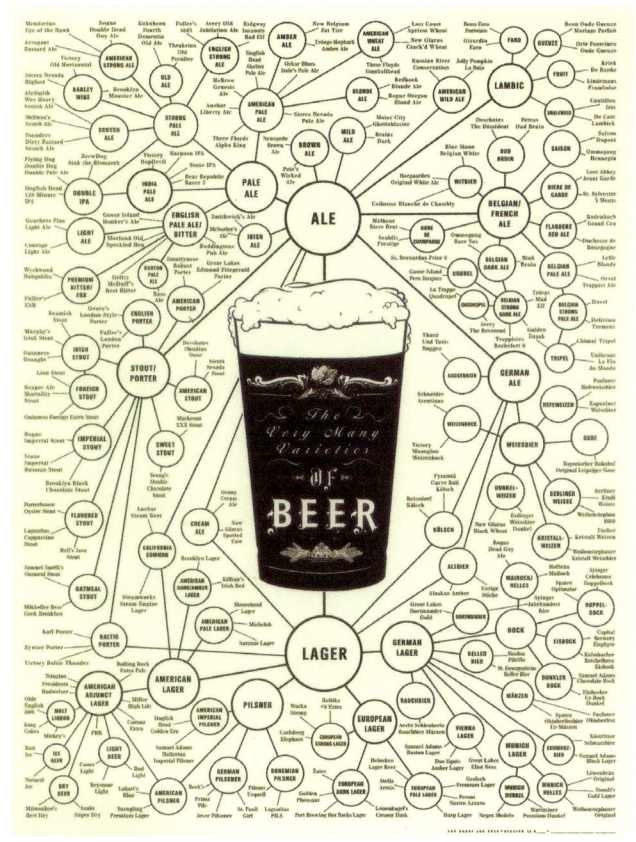

图3-3 世界上的啤酒系谱

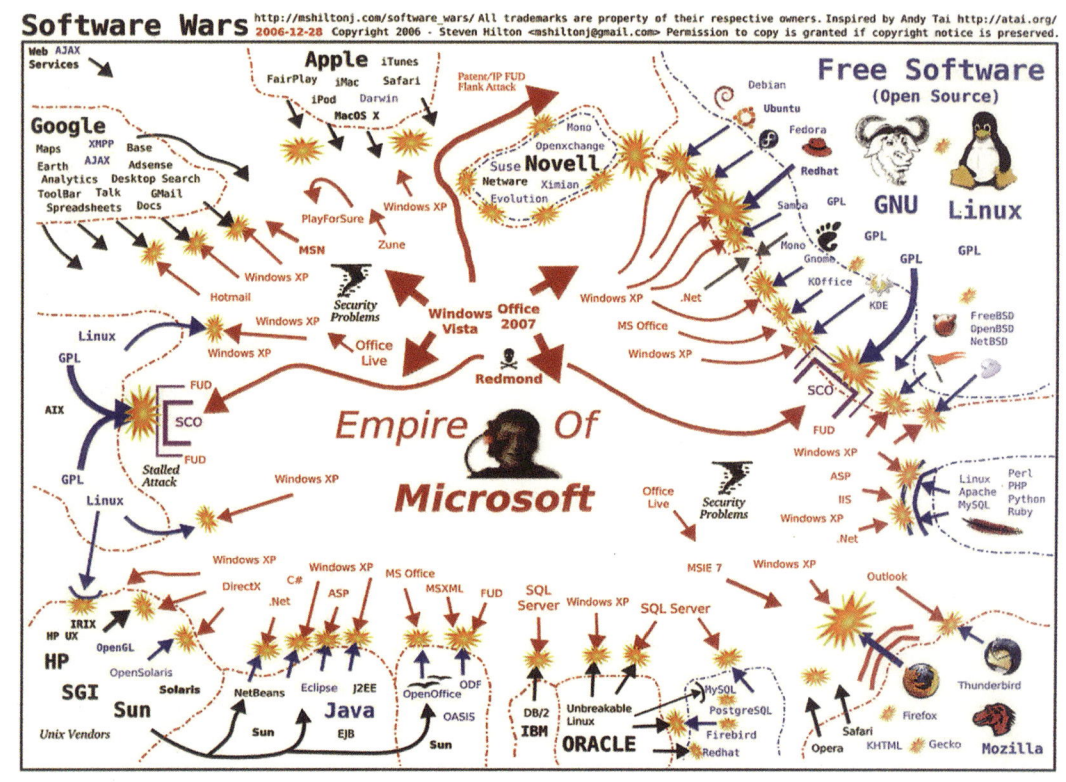

图3-4 微软帝国战争

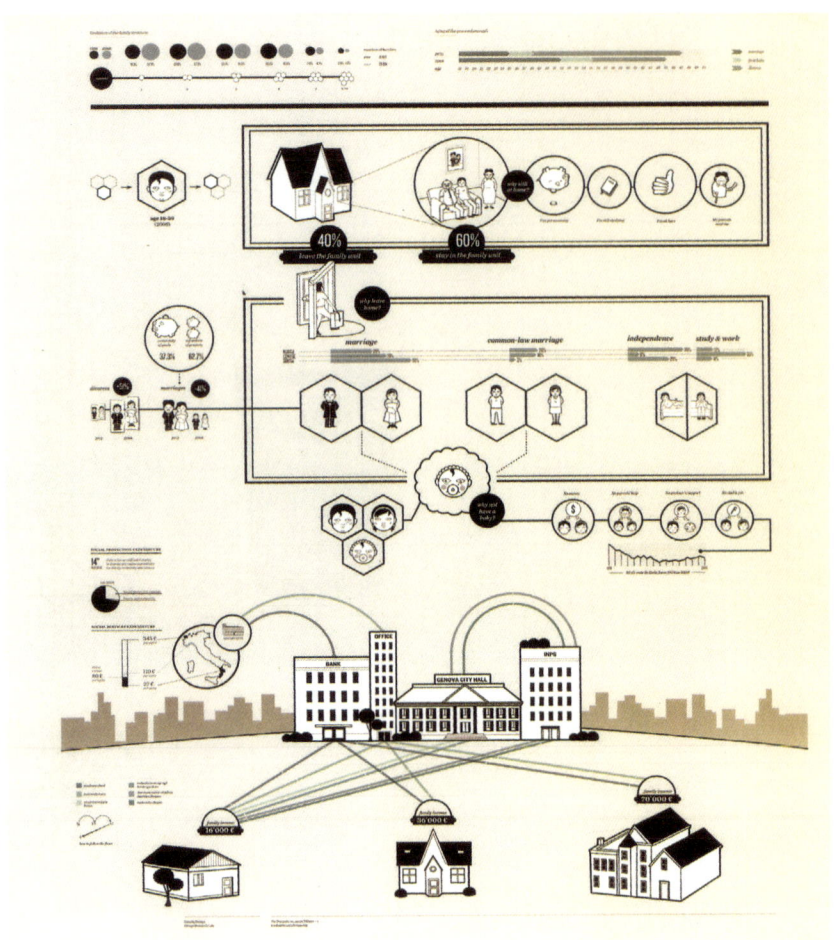

图3-5 家庭问题研究

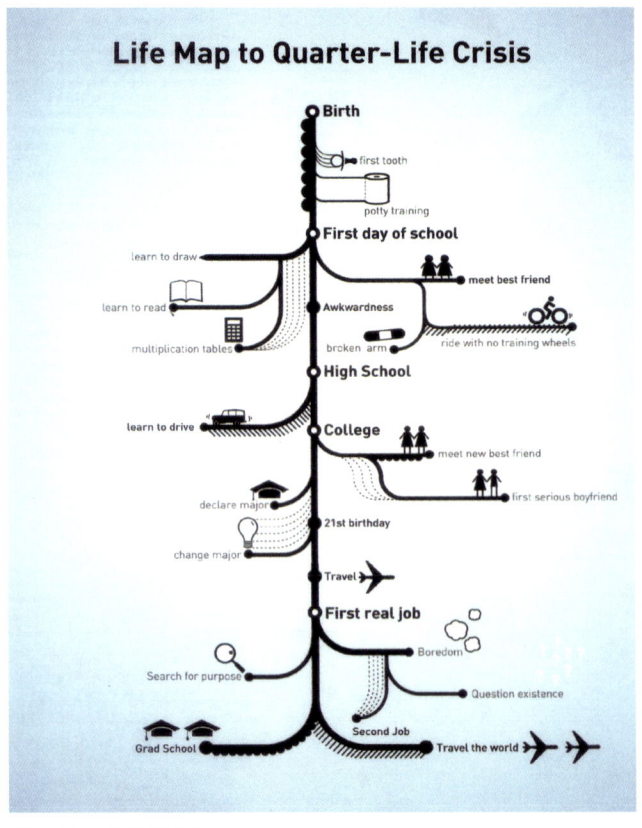

图3-6 人生地图

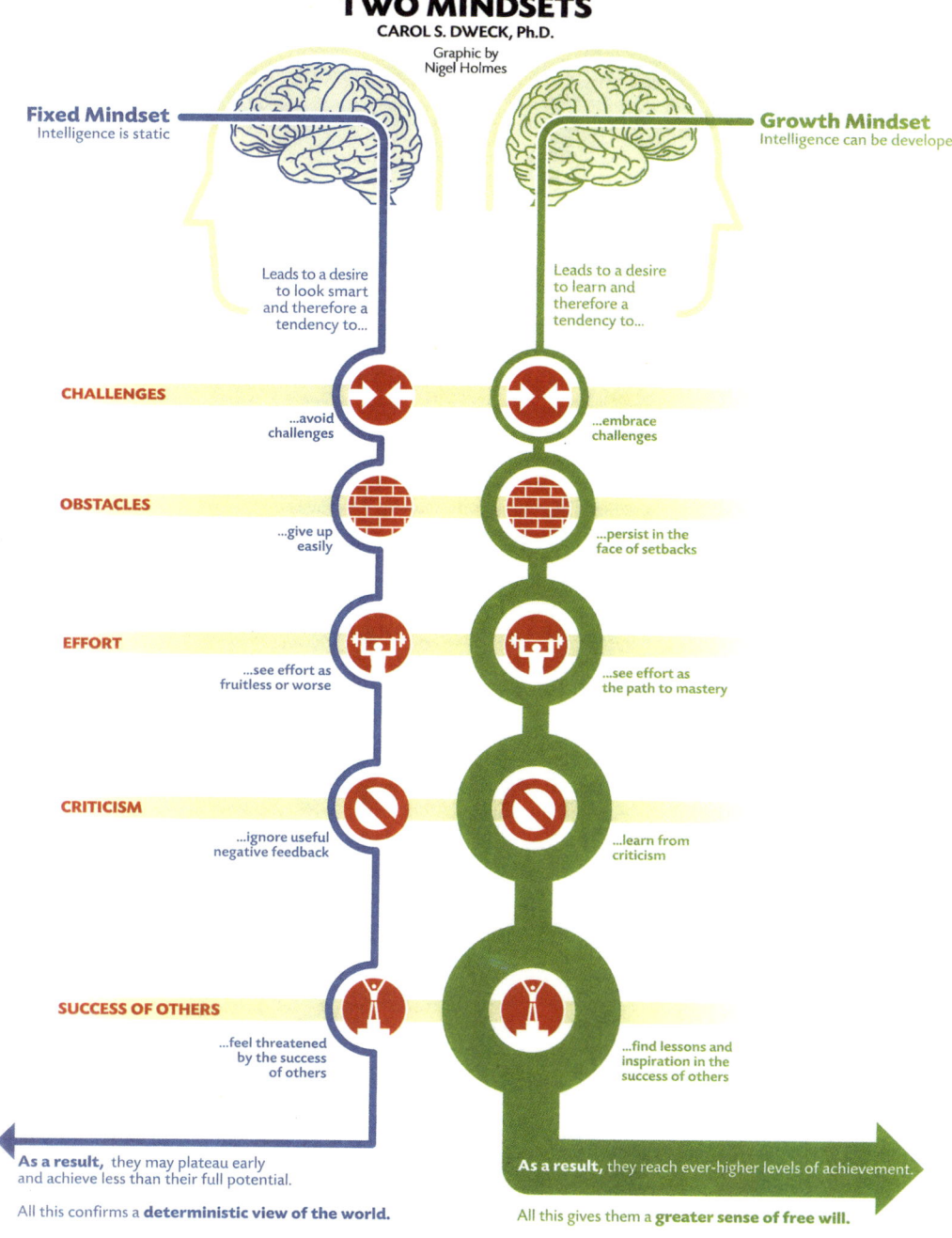

图3-7　两种心态

2. 学生课程作业

思维视觉化作为创意思考的工具,通过徒手画将思维结果呈现出来。"视觉化"就是图解,它既是一个视觉的自我对话,又是与他人用图交流的过程。图3-8至图3-13是学生在课堂上所作的思维视觉化练习。

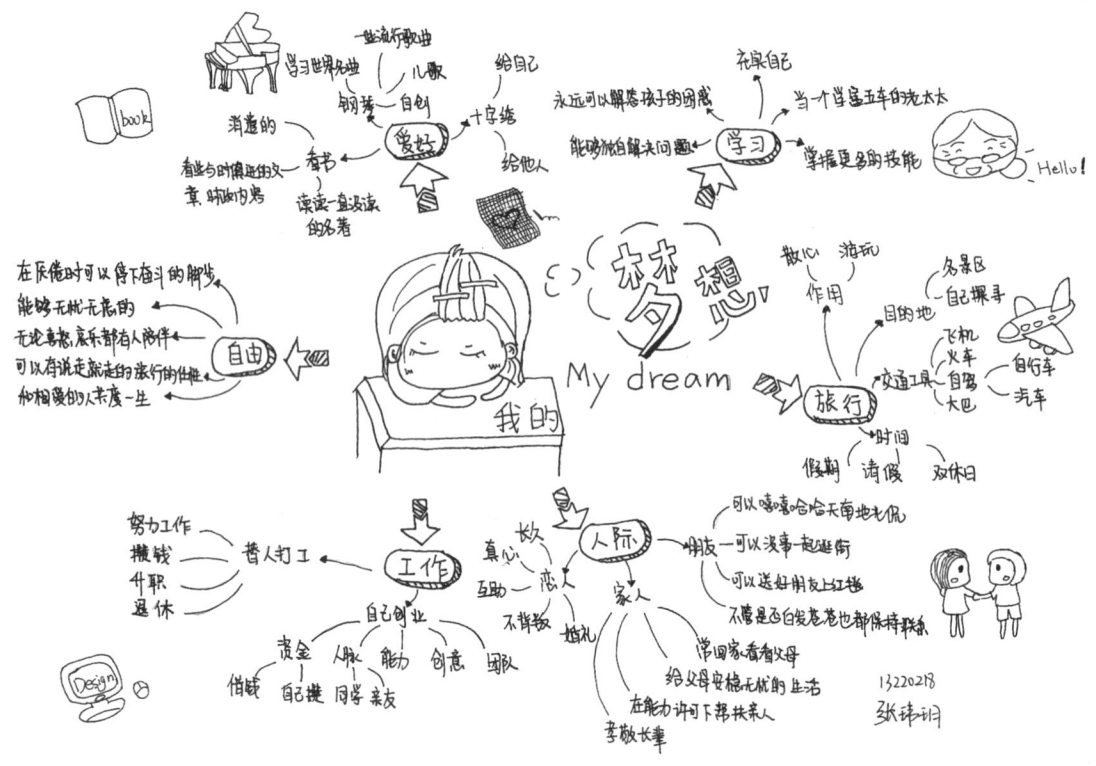

图3-8　我的梦想/张玮玥

图3-9　高中那些事/王雯彬

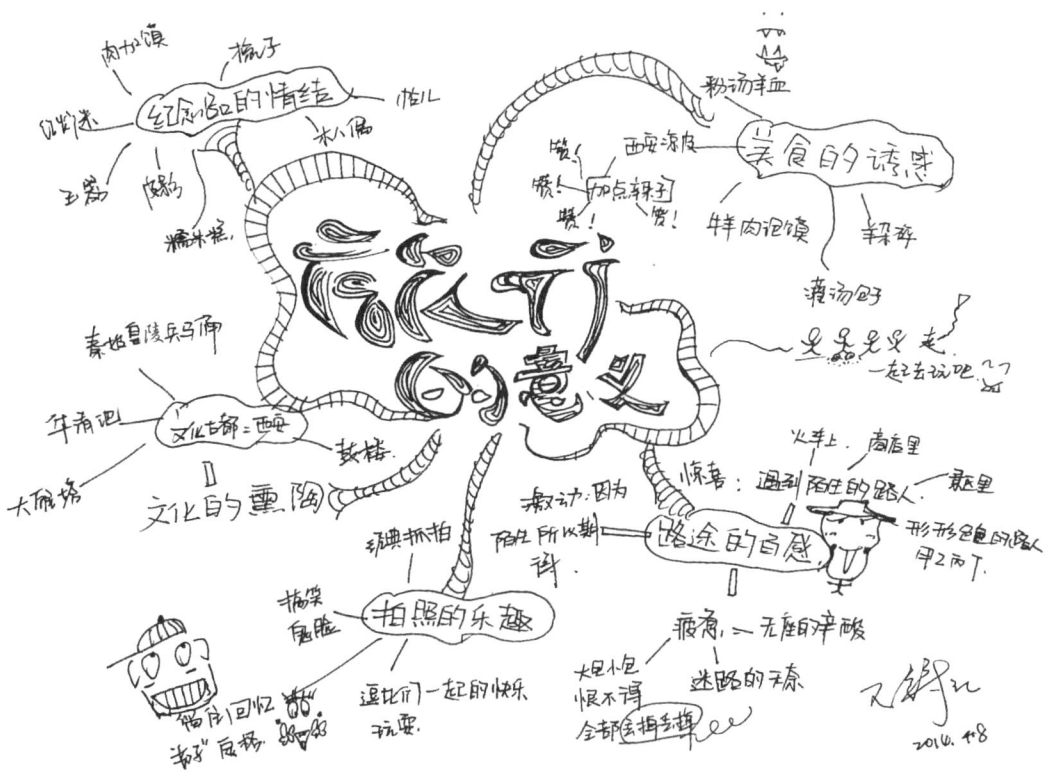

图3-10 旅行的意义/王诗汇

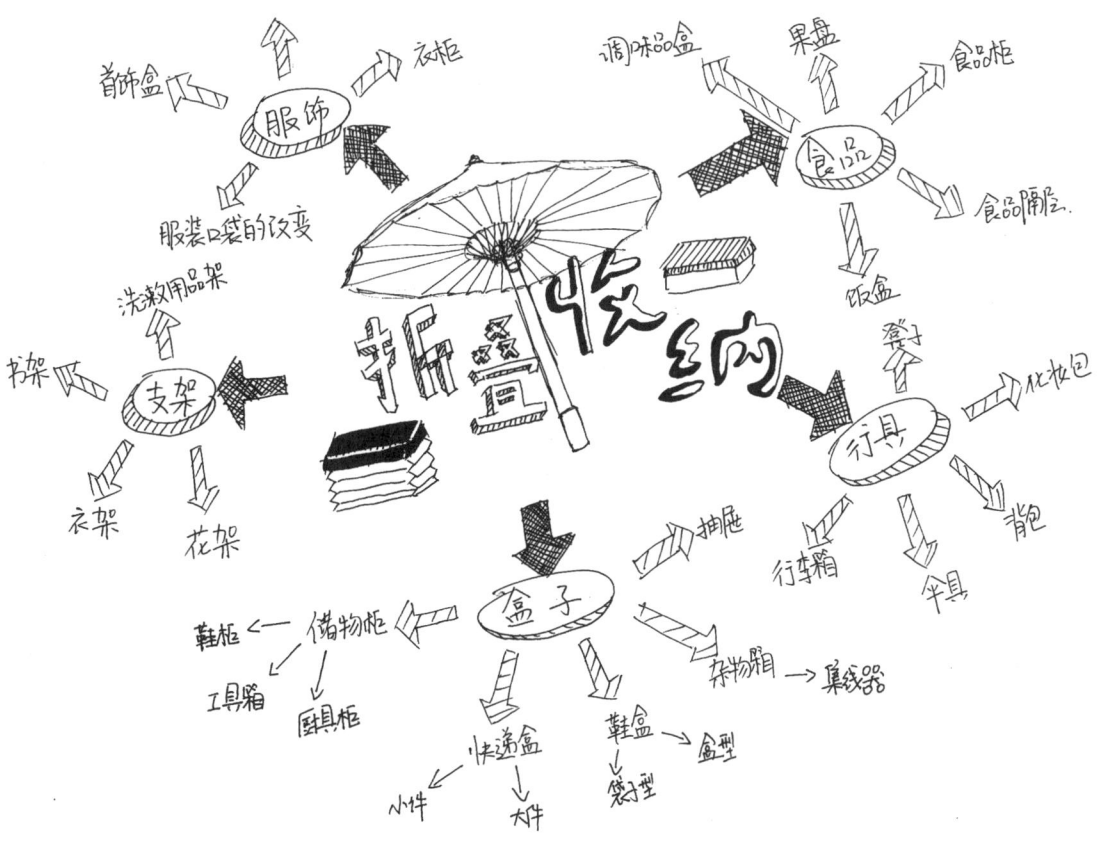

图3-11 折叠与收纳/王茜

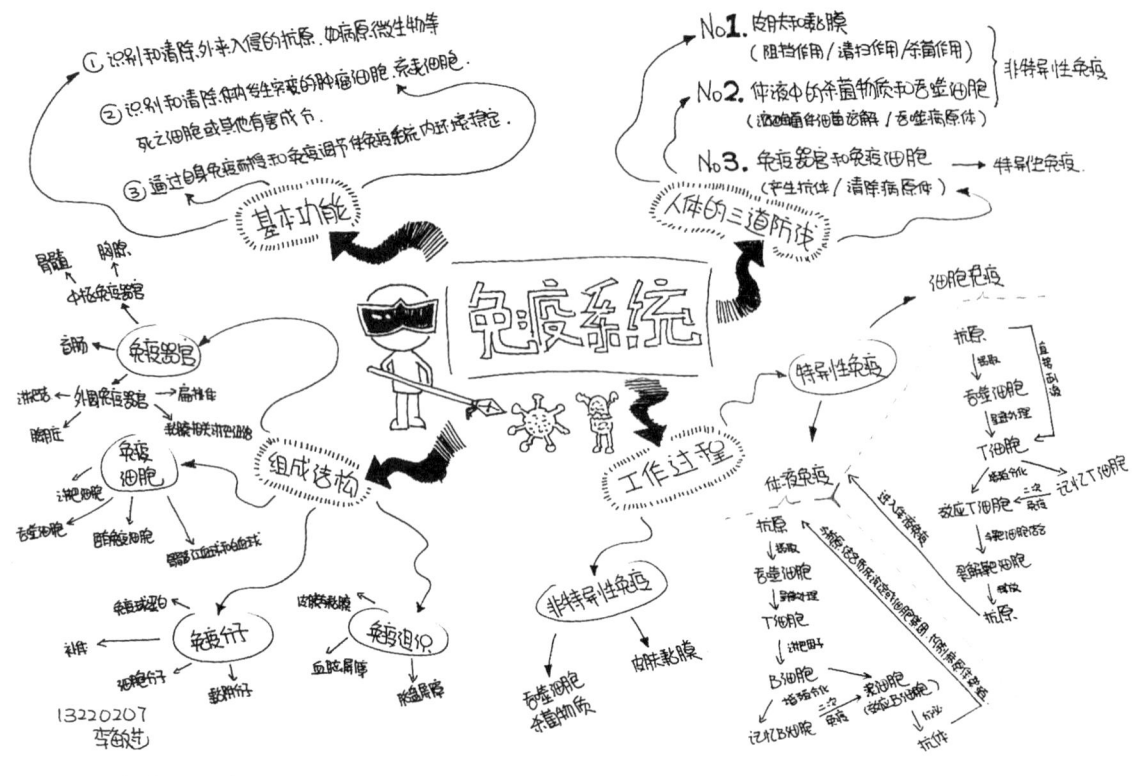

图3-12 免疫系统/李敏菡

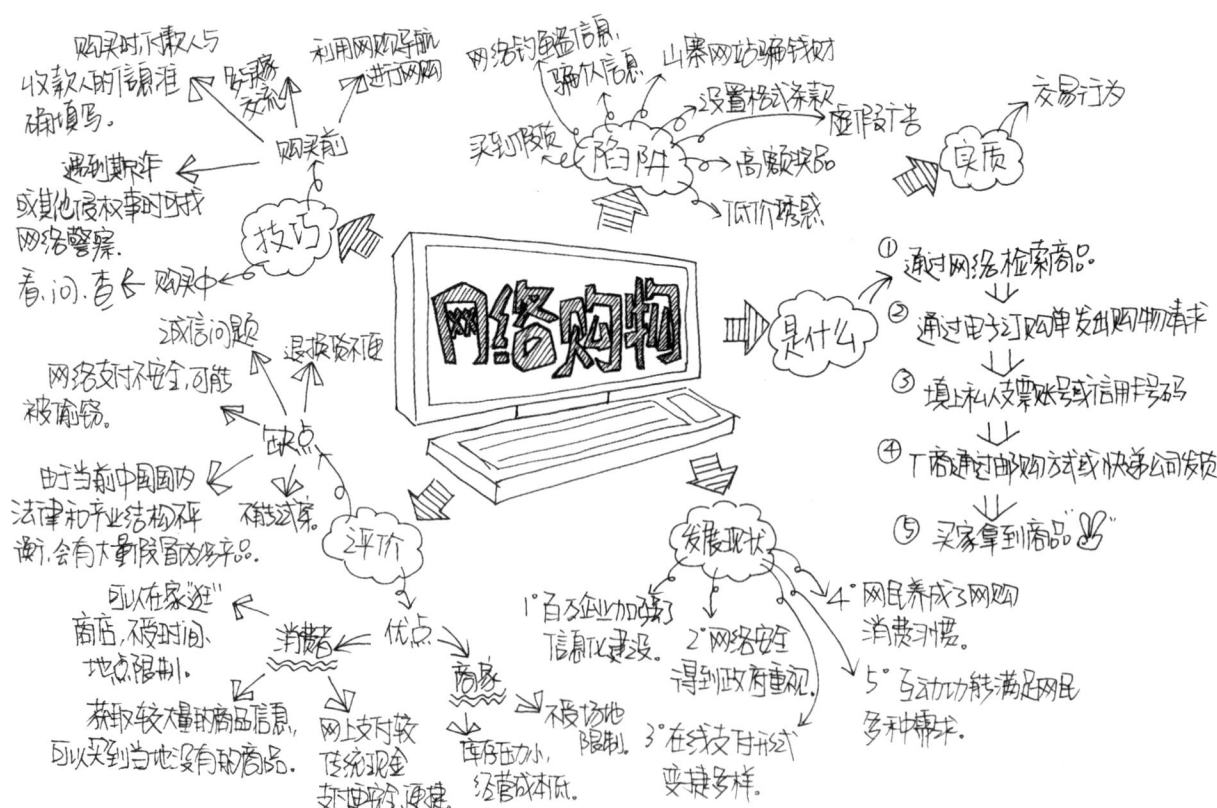

图3-13 网络购物/陈宇曦

第二节　手脑联动设计作品赏析

手脑联动设计更多地强调动手实践探索解决问题的方法，使用特定的材料为媒介，边做边构思，探索设计对象的形态、功能、结构、材料和工艺之间的相互关系，通过这种方式使创意设计变得更具现实感和可操作性，让人触手可及，而不是高高在上，设计是做出来的不是凭空想出来的。下面介绍的设计案例均体现出设计是做出来的，而非凭空想出来的。

1. 榫卯结构设计作品

榫卯结构是在两个木构件上所采用的一种凹凸结合的连接方式，各个构件之间的结点以榫卯相吻合，构成富有弹性的框架。这是中国古代建筑、家具及其他木制器械的主要结构方式，这种结构不在于个体的强大，而是互相结合、互相支撑，虽然每个构件都比较单薄，但是它整体上却能承受巨大的压力。

图3-14是由德国斯图加特的一家设计工作室为瑞士的家具品牌MOX设计的一款创意家具。这件作品吸引人的地方是它巧妙的结构设计，只有利用特殊设计的连接件将各个部分牢固的链接在一起才能保证桌子的使用功能而且缺一不可。三根由橡木制作而成的桌腿首先由一块特制的金属连接件在中心将它们连接在一起，然后再由一根颇具弹性的红色绳子将它们向上拉紧并从桌面的中心部位显露出来，这样不但可以将桌腿和桌面固定在一起，还为使用者留出了把手的位置，整个桌子就如同设计巧妙的机关一般。

图3-15是名为Lola的木椅。由美国设计师Heidi Garriott设计，全部通过榫卯结构连接起来。出于对传统家具以及木工技术的崇拜，他特别设计了这把

图3-14　MARIONET桌子/Simon Busse

图3-15　Lola木椅/Heidi Garriott

Lola椅。Lola椅的制作工艺非常传统，但造型却十分俏皮可爱，充满童趣，仿佛一个娇羞的小女孩儿一样，它的名字"Lola"非常吻合。榫卯结构令这款木椅非常结实耐用，重量也非常轻。椅面和靠背打磨得十分光滑，流露出精致的设计感，仿佛一件有趣的工艺品一样。

图3-16是一款由保加利亚设计师konstantin achkov设计的"frame chairs"。这个椅子在形态的设计上受到了传统框架结构风格的影响。特殊的侧边结构形成了椅子的底座，所有结构部件都只由连接件连接，没有使用任何黏合剂，钉子或螺栓。构件都是用18mm的榉木胶合板制作，用CNC数控机床切割的。

图3-17"桌品茗"的设计灵感来自中国经典家具八仙桌，沿用常见的传统木作榫卯结构，完全不采用其他金属或塑料作为接合部件，以竹材替代硬实木，其需要克服的挑战在于：如何让竹材达到硬实木般的密度与刚性，以达到桌子需求的高度稳定性。桌脚主体由三片富有弹性与韧性的天然竹条构成，各自以120度的角度相交，加宽其厚度，以增加结构强度，由此达致竹条刚性，结构合理稳固。竹桌桌面的部分则由积层竹构成。

图3-18是一款可以让购买者轻松组装和使用的创意家具设计。设计师 为了使用户组装时更加方便，将这个小凳子的结构设计的十分巧妙，人们只需要通过简单的插接就能够组装出结识的家具来，组装过程也如同安装玩具一样充满乐趣。这个可爱又美观的小凳子造型上并没有太多特别之处，它的特色在于这款凳子的各个部件的衔接没有采用螺丝螺帽的常规设计，而是采用了榫卯结构的穿插镶嵌技艺。将各个部位设计出了如同积木一般的卡槽和装置，让用户可以轻松地组装起来。在组装的过程中充分体验到孩时的玩乐乐趣，并且组装方式也很适合女生进行组装。

图3-16　Frame Chairs/konstantin achkov

图3-17 桌品茗/石大宇

图3-18 Frida小凳子/Zanocchi & Starke

第二节 手脑联动设计作品赏析

2. 仿生设计作品

以模仿和借鉴生物的某些机能的设计称为仿生设计。在设计过程需对生物的生理结构有充分的了解，对动物生理结构进行分析解构，并运用特定的材料对结构关系进行设计再现，同时仍然保留此结构的功能特性，这里展示的是一些国外优秀作品和学生作业。

图3-19是根据意大利文艺复兴巨匠达·芬奇绘制的飞行器设计图。该飞行器模仿了鸟类和风筝的相关飞行原理。在借鉴自然界鸟类的飞行动作中巧妙地结合相应的技术来实现飞行功能。

图3-20是达·芬奇模仿鸟类翅膀飞行动作而设计的另一个方案。通过模仿鸟的骨骼结构特征来实现机械翼的结构设计。在使用上，首先机械翼像背包一样绑在人的背部，人的双脚踩着传动用的线，通过不停地收缩和蹬腿产生动力，利用连接和传动结构，带动两侧机翼的上下摆动，从而产生升力，实现飞行的目的。如图3-20所示为方案模型的全部组成结构件和机械运动原理。

图3-21 这个扑翼结构设计是模仿鸟类翅膀或水中动物蹼通过拍打产生升力的原理而设计的。它通过结构仿生制作出机械蹼。在机械蹼的后部设计一个杠杆，人不断迅速地向下按压杠杆，杠杆通过铰链结构带动机械蹼，从而迅速压缩空气，产生向上的升力，从而实现飞行的功能。

图3-22是由白俄罗斯设计师 Constantin Bolimond 设计的吊灯，是对真实世界中花朵开放的规律反向设计。当周遭光线褪去时，光学传感器控制花瓣打开，灯光渐亮。BLOOM吊灯由6片花瓣开合组成，花瓣可以有多种材料和颜色的选择。还可以根据花瓣开合的程度，来控制藏于花瓣中心的灯泡所提供的照明亮度。

图3-23是一组刀的设计，设计中模仿鸟的造型特征，将锋利的大马士革钢制刀头与鸟状的刀身结合，并饰以金属材质和真实的羽毛，表现出作品对于自然仿生形态的独特表现手法。

图3-24至图3-29是"动作解构"的学生作业。要求对某一动物作资料研究，对其生物特性做描绘和解析，并对最能体现特点的动作，如"飞""翔""攻""捕"等动作进行解构。用瓦楞纸、塑料片、卡纸、螺丝钉等材料制作模型。采用活动的结构，通过重构的手法将动作的形象准确地展现出来。

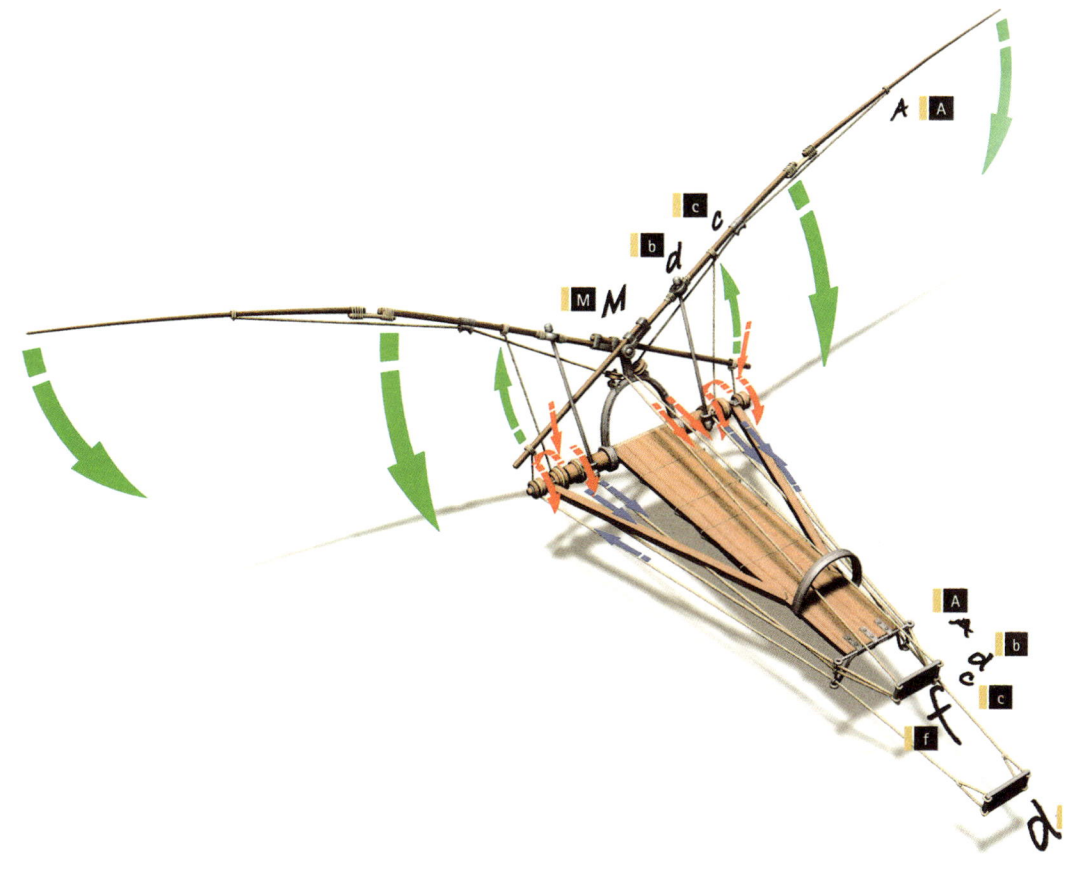
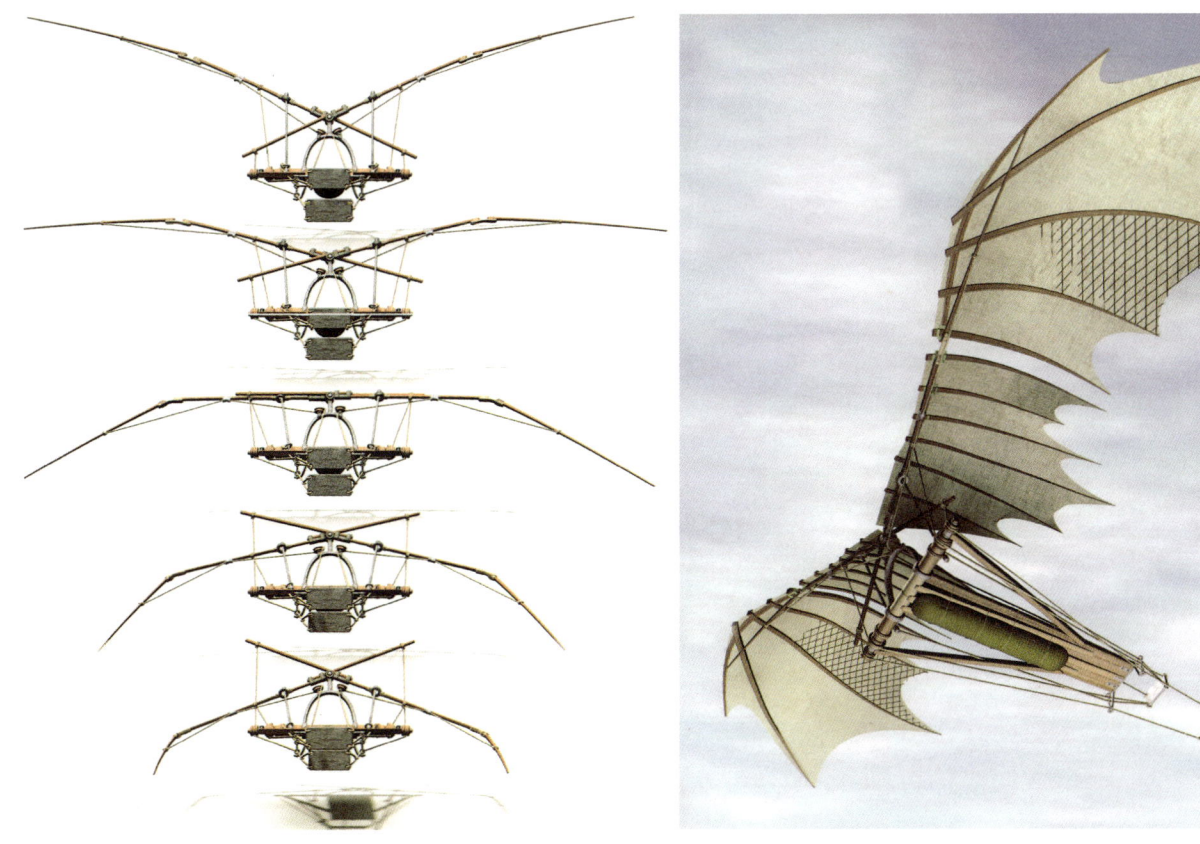

图3-19 飞行机器 / 达·芬奇

JOINTS
STRUCTURAL AXES
METAL HOOK
JOINTS
PULLEYS
LEATHER JOINTS
CRANK
SUPPORT BASE

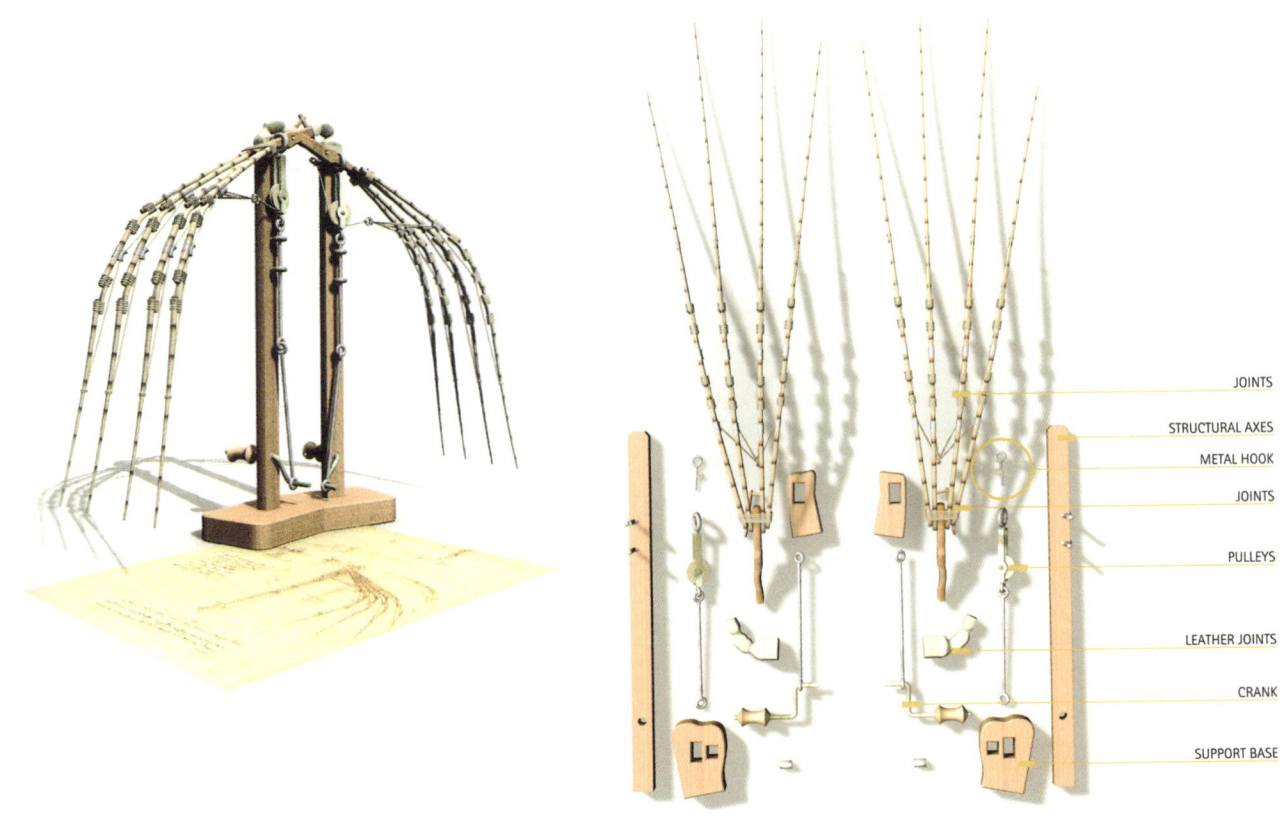

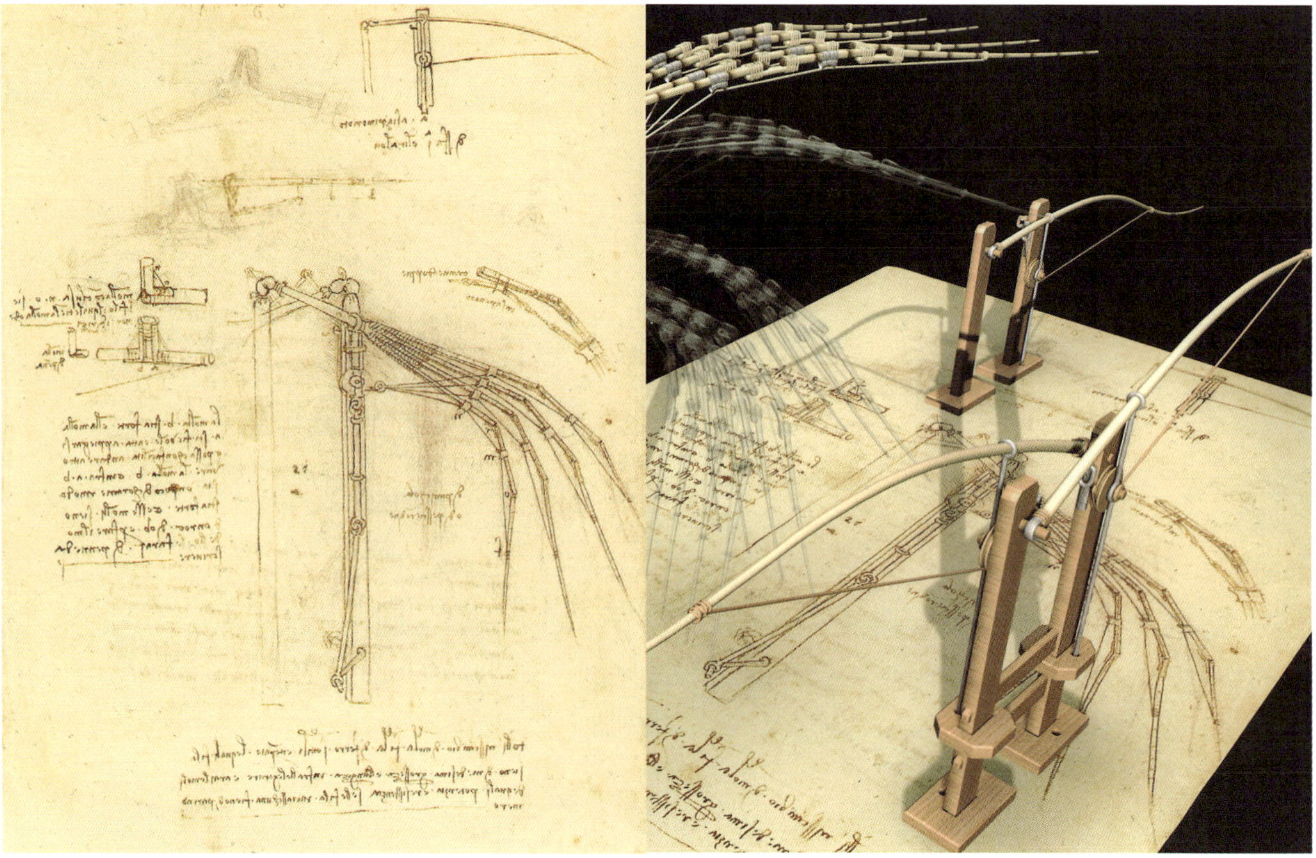

图3-20 机械翼/ 达・芬奇

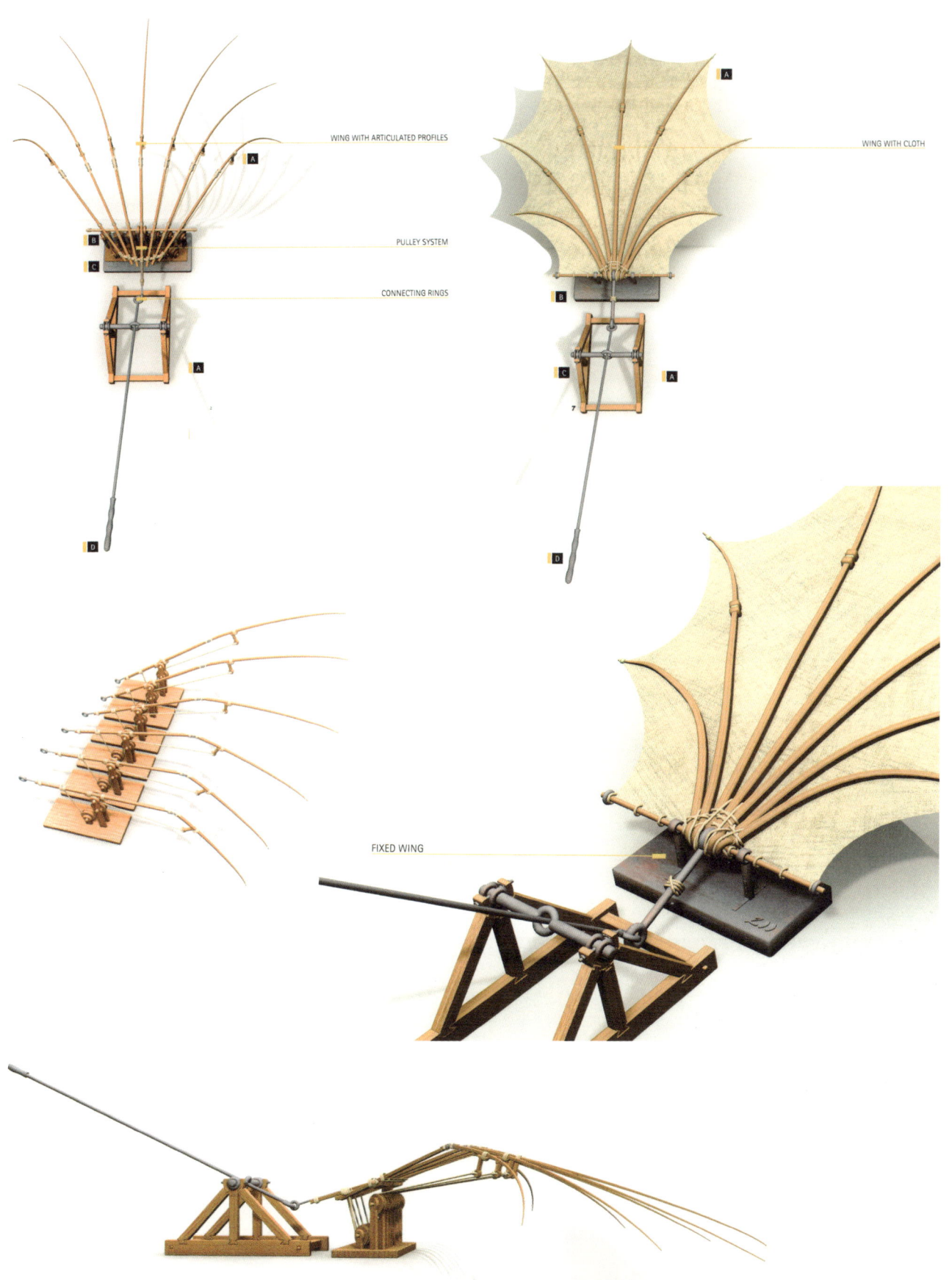

图3-21 扑翼/达·芬奇

图3-22　LOOM吊灯/ Constantin Bolimond

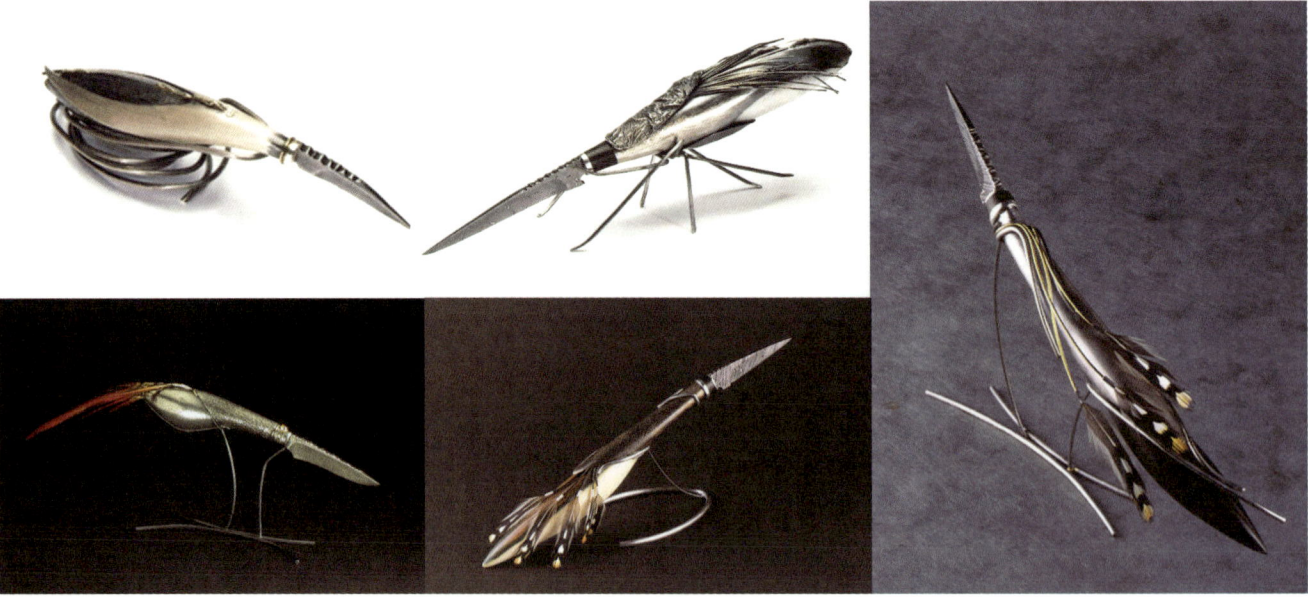

图3-23　仿生刀具/Chantal Gilber

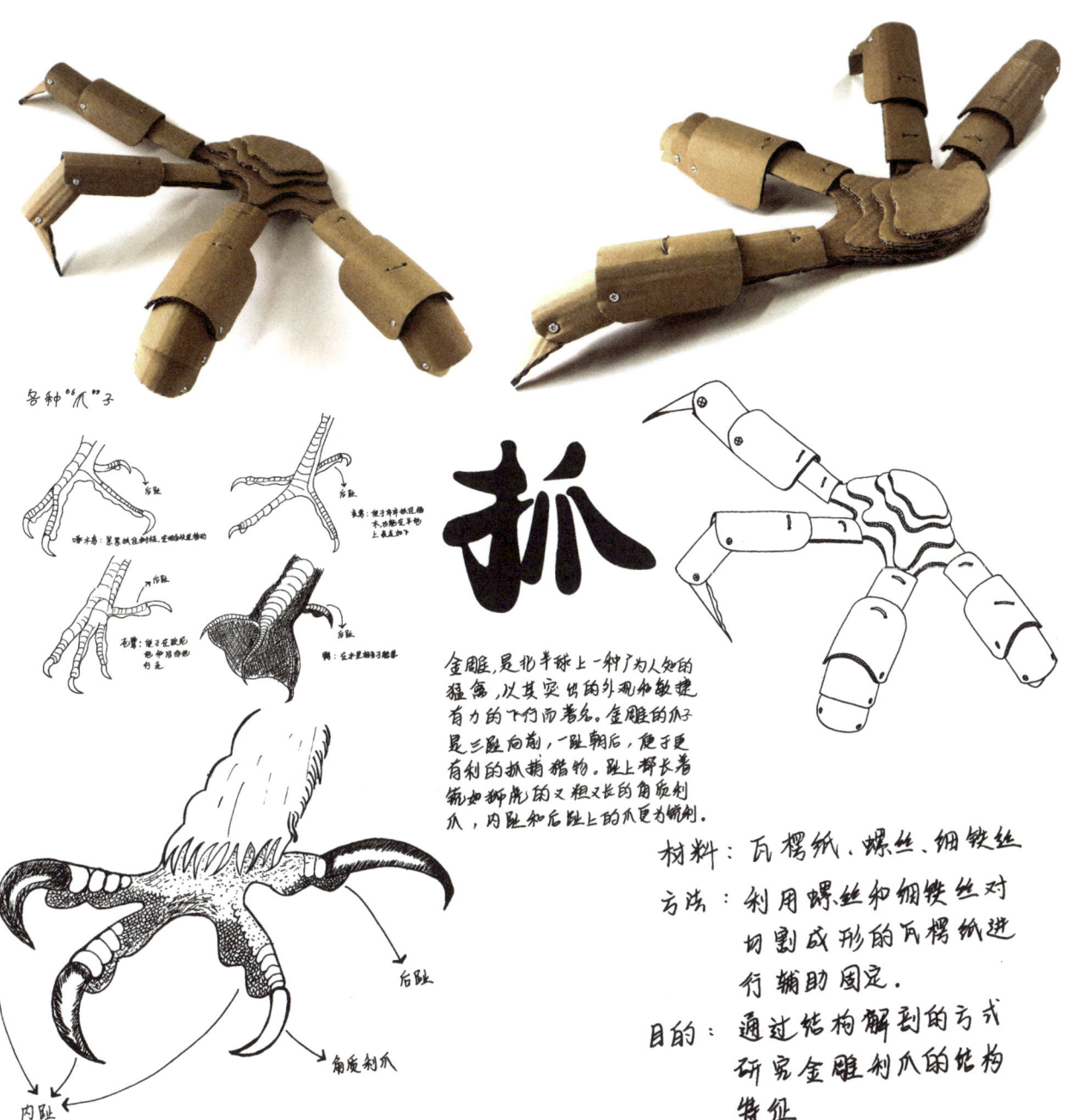

图3-24 "抓"的动作解构设计/张素荣

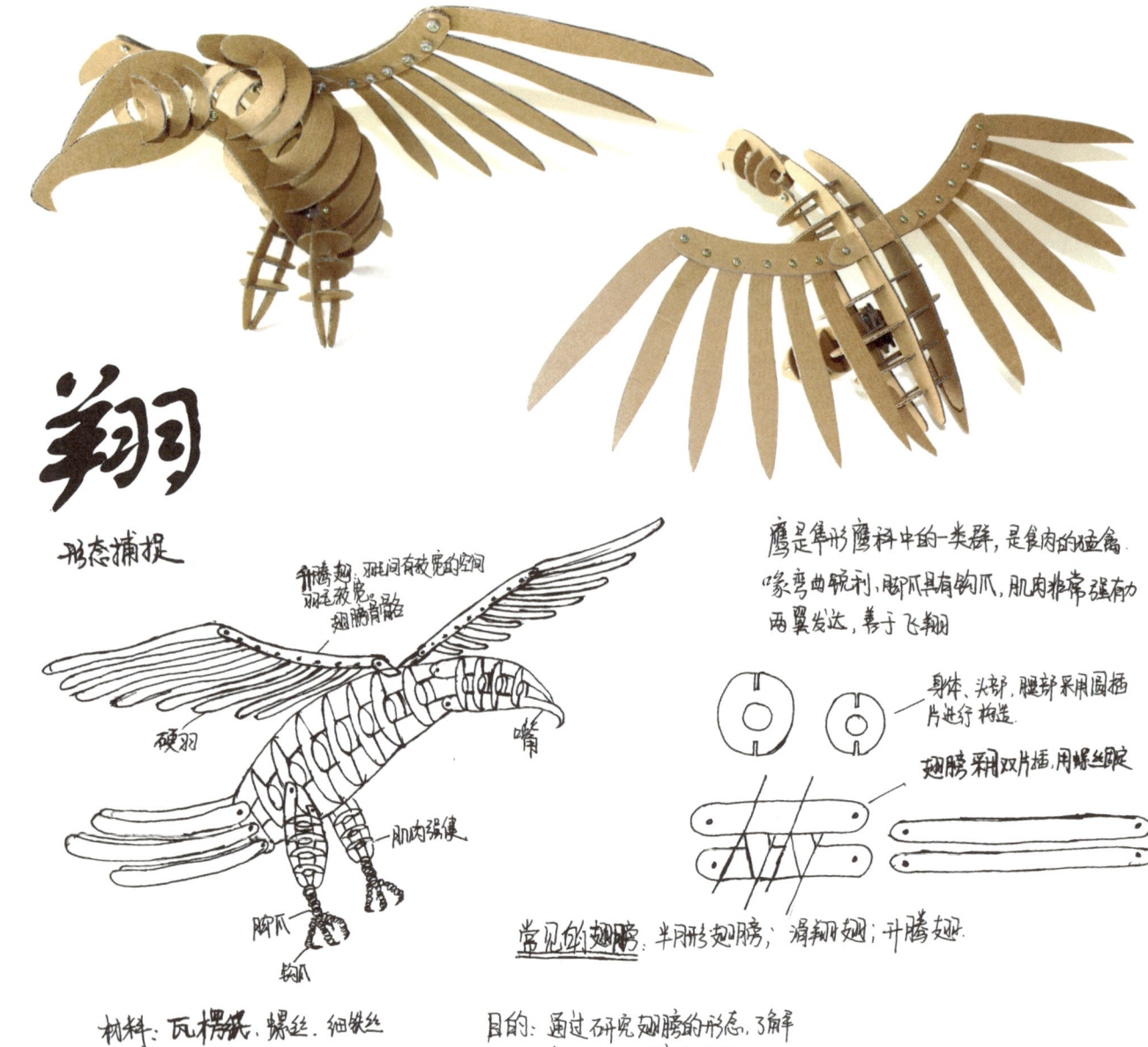

图3-25 "翔"的动作解构设计/何成坤

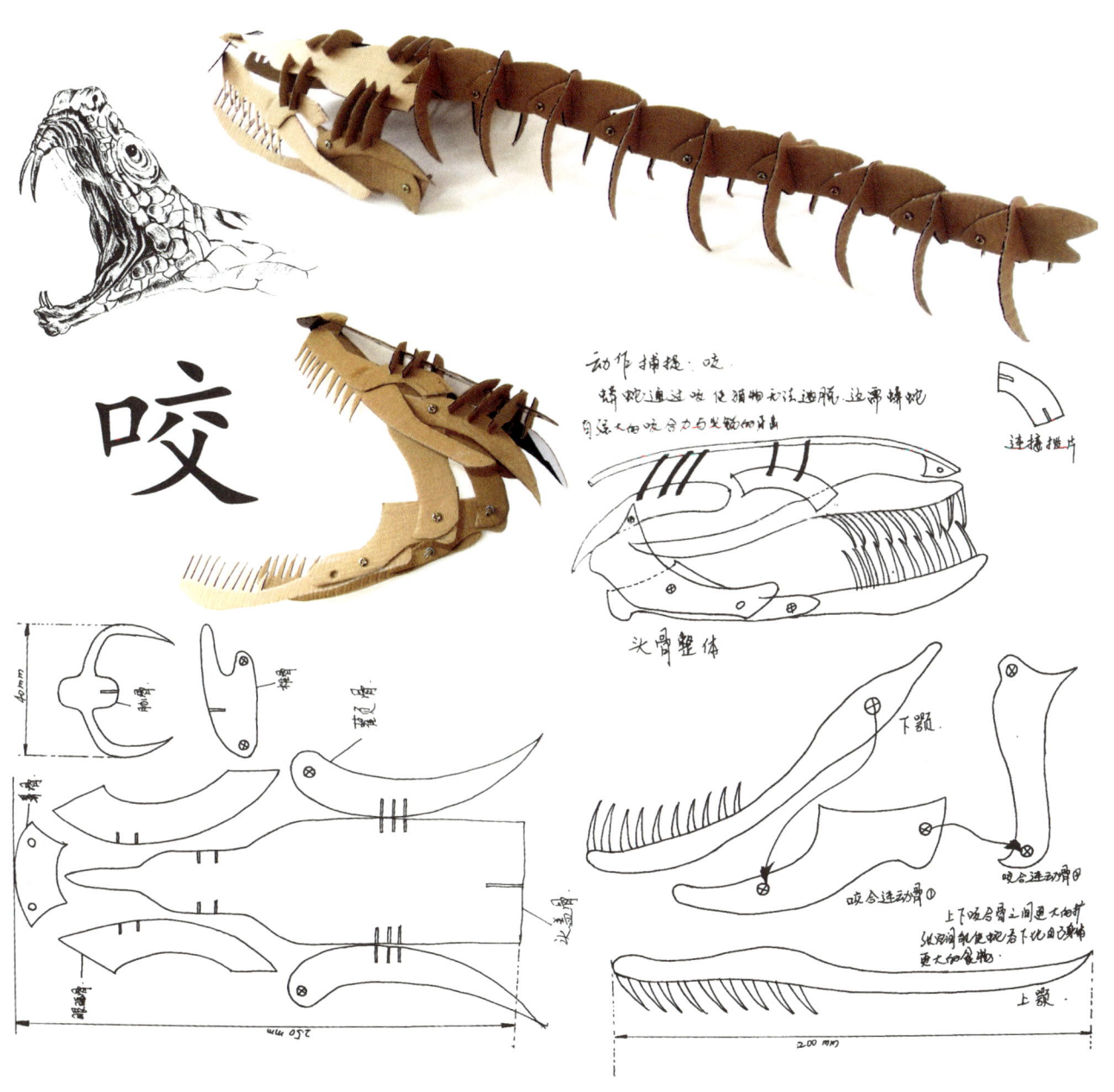

图3-26 "咬"的动作解构设计/金伟杰

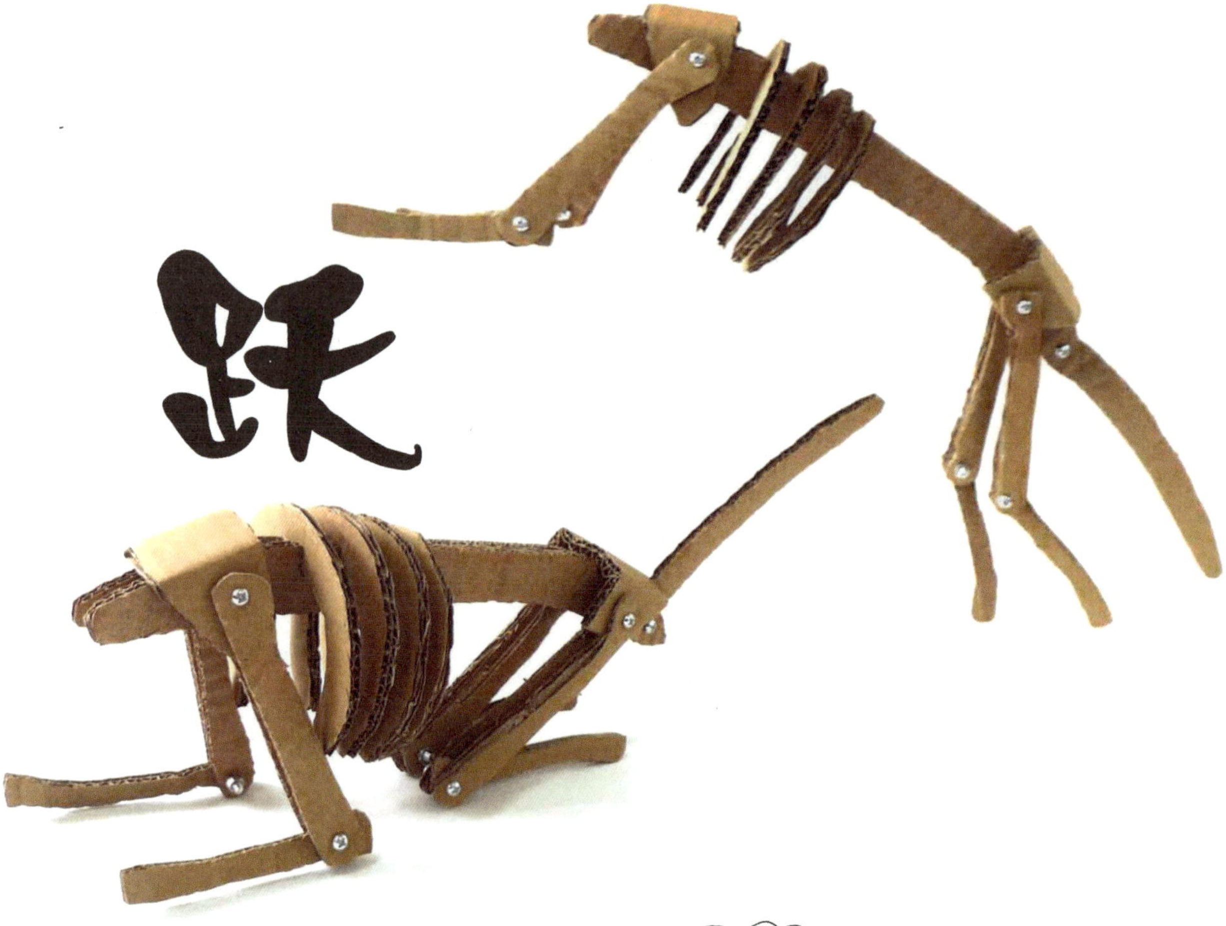

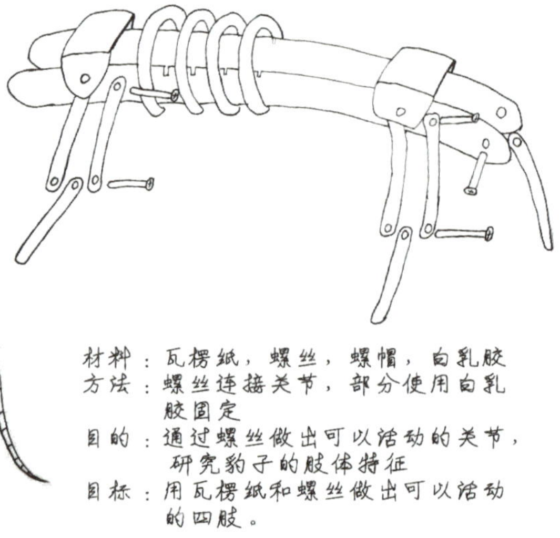

豹子是猫种豹属的一种动物，在四种犬型猫科动物中体积最小。豹可以说是敏捷的猎手身材矫健，动作灵活，奔跑速度快

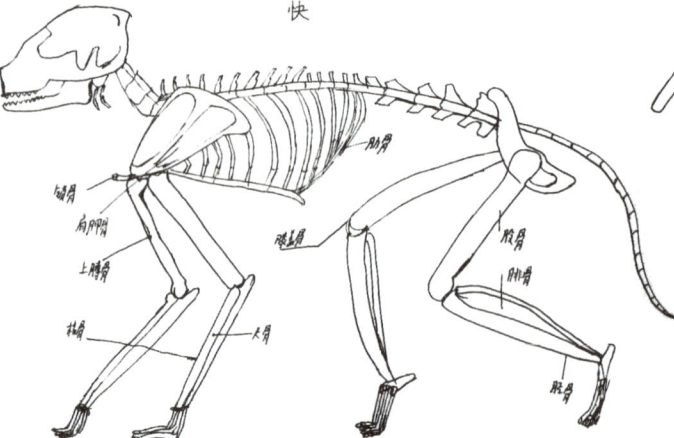

材料：瓦楞纸，螺丝，螺帽，白乳胶
方法：螺丝连接关节，部分使用白乳胶固定
目的：通过螺丝做出可以活动的关节，研究豹子的肢体特征
目标：用瓦楞纸和螺丝做出可以活动的四肢。

图3-27 "跃"的动作解构设计/章虔

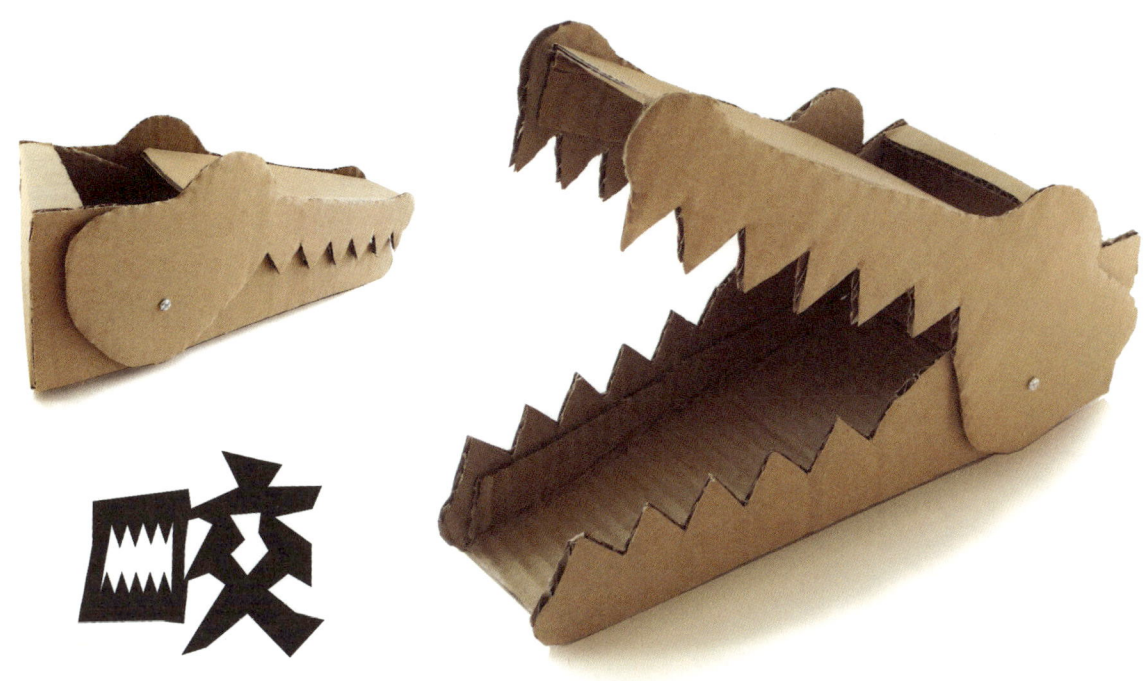

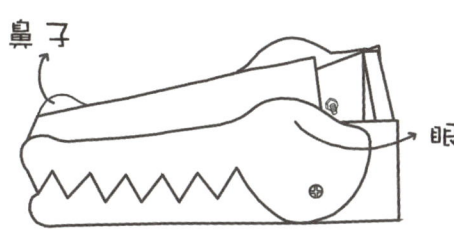

鼻子　眼睛

鳄鱼嘴咬合模型的整体效果图，鳄鱼特有的突起的鼻子和眼睛表现的简洁而生动。

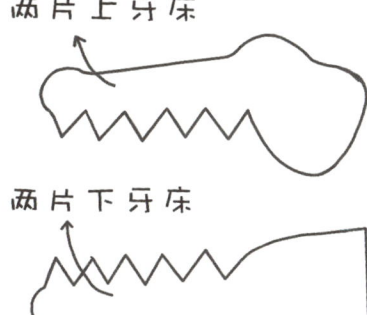

两片上牙床

两片下牙床

上牙床与下牙床的衔接是用两对螺钉和螺母，使得上下牙床可以围绕螺钉活动，以使模型的咬合动作更加灵活、方便。

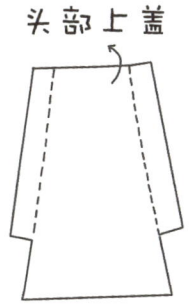

头部上盖

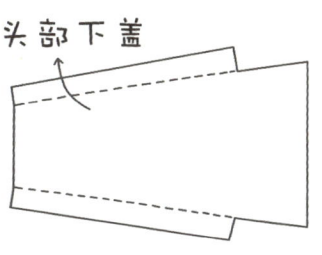

头部下盖

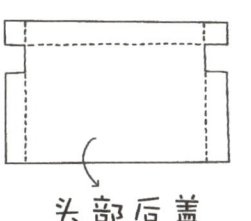

头部后盖

上面三片结构沿着虚线折弯，并在折弯的小条上涂抹乳胶与上下牙床进行粘合。

图3-28 "咬"的动作解构设计/欧婕

第二节 手脑联动设计作品赏析

图3-29 "捕"的动作解构设计/姜程辉

3. 机能设计作品

任何设计的首要目的是获取特定的使用价值,大部分产品是通过赋予其特定的机能使其具有使用价值,因此如何巧妙地对产品中的形态、结构、材料进行设计,从而赋予产品合理的机能创意成为设计的重要内容。图3-30至图3-36是一系列在机能设计上做得非常巧妙的设计作品。

如图3-30所示的是2012红点奖作品,作品名称"Claw-in-hammer"。在铁锤中融入起钉器,二者在结构上巧妙地整合在一起,使用非常方便。与此类似,如图3-31所示,红点奖作品STAFF是将起钉功能与铁锤的各个部分巧妙结合,机能设计上一物多用。

图3-30　Claw-in-hammer/2012红点奖

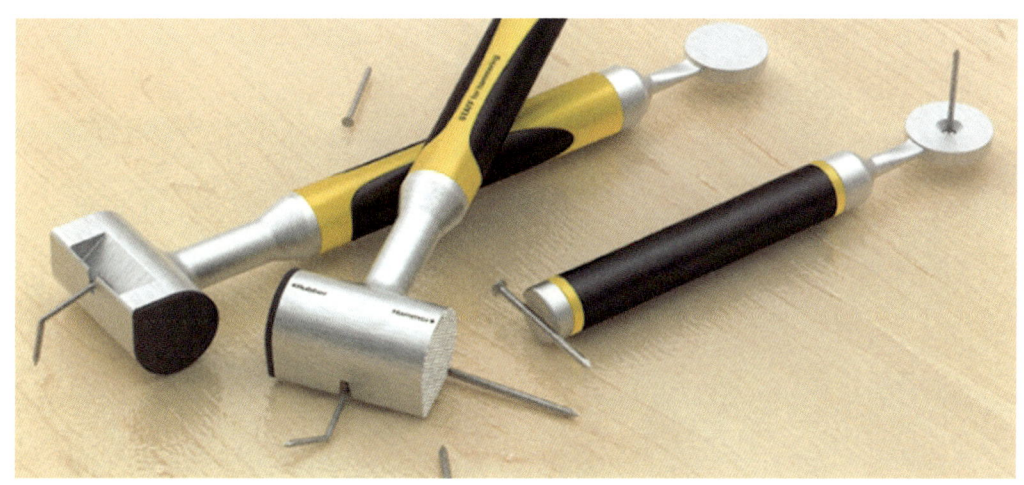

图3-31　STAFF/2012红点奖

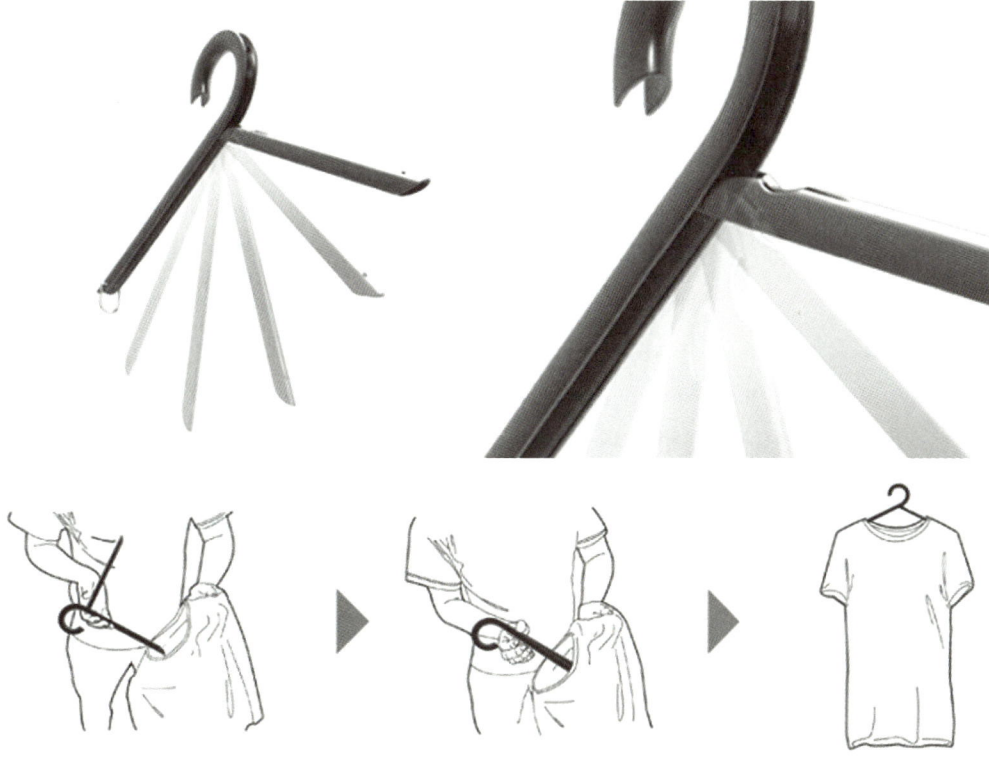

图3-32　Staff Hanger/2012红点奖

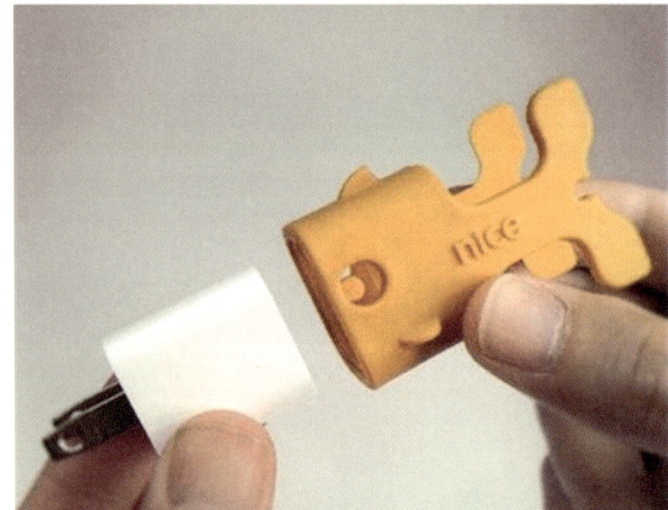

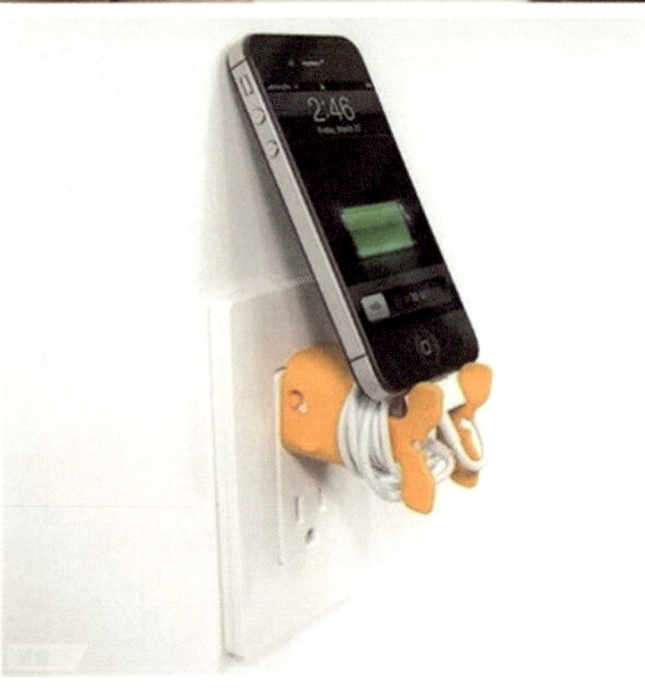

图3-33 集线器　　　　　　　　　　　　　图3-34 集线器

如图3-32所示名为"Staff Hanger"弹性衣架设计,把家用衣架分成两个支架,弹性衣架采用一根弹簧,衣架伸缩自如,无论领口多大,也无论衣服本身的尺寸,能自如撑起来。如果遇到大件衣物弹簧也足够有力,以增加衣物和衣架间的摩擦力。一端还有钩子,在不使用时可以把衣架合在一起,减少空间占用。图3-33是一个集线器设计,通过巧妙的功能结构设计,使产品既具有集线功能,与充电插头融为一体,还可以起到支架的作用。图3-34是另一款集线器。

图3-35是一组题为"包装蔬菜"的学生设计作品。作者运用简单的卡纸作为材料,通过精心地结构设计和裁剪,巧妙地利用卡接结构,使卡纸之间牢固地连接在一起,并将蔬菜紧紧地包装固定在内部,起到很好的保护作用。做到了材料和形式简单,结构牢固可靠,便于运输和存放。

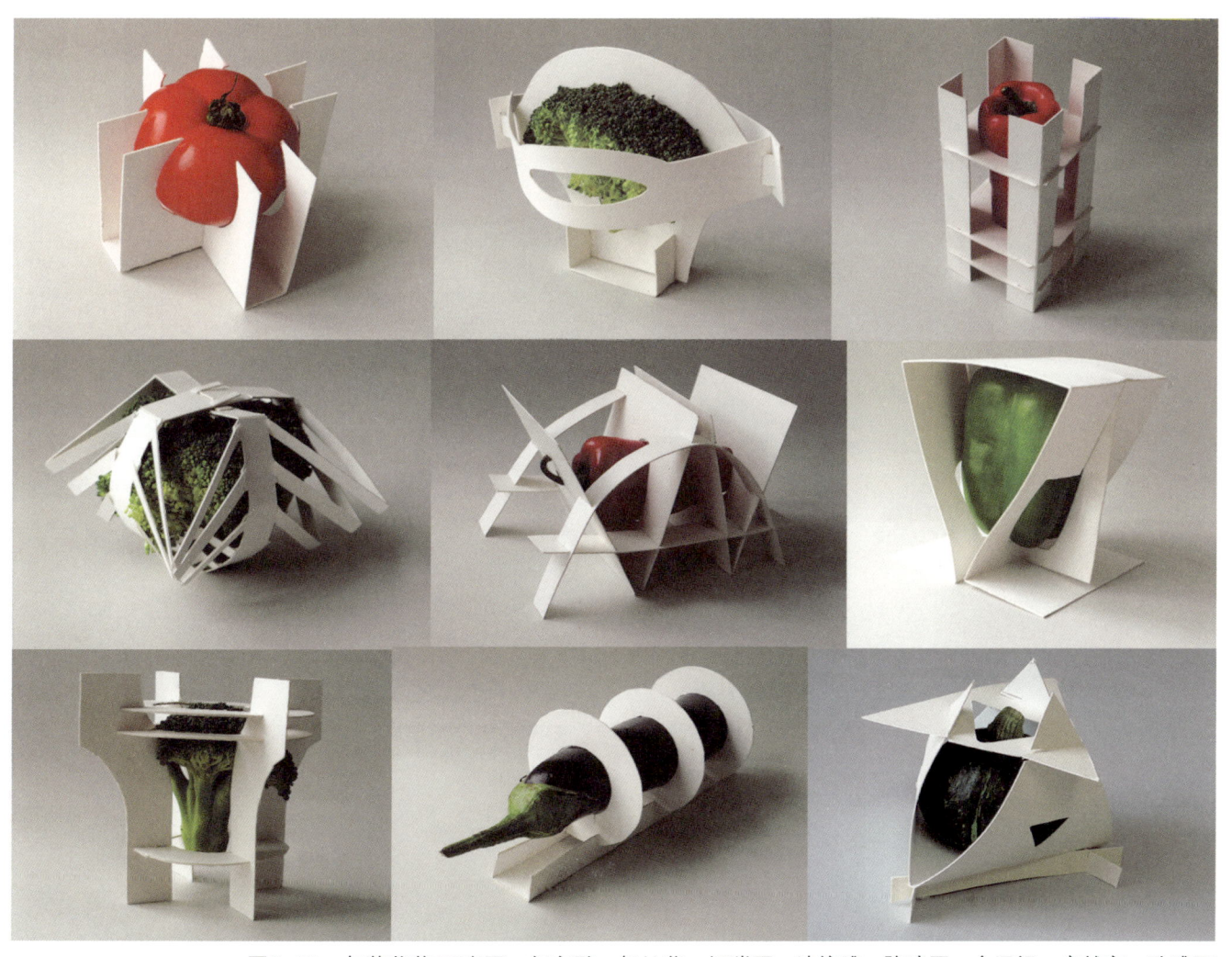

图3-35 包装蔬菜/王晓露、赵宇鹏、邬竹芬、姬逍颐、沈婷雅、陈建军、金泽闻、唐越宇、孔雅丽

第三节 实验设计作品赏析

和数学、物理一样,设计也是寻求解题思路、解题途径的过程。在做物理题时,将已知条件代入一个或多个公式,推导出未知数,这是我们熟悉的中学物理解题程序。那么设计的求解过程能否像做物理实验那样?譬如设计一个板凳。其实设计与物理解题求解思路是一样的。不同的是物理题只有一个正确答案,设计没有唯一答案。按照程序进行设计,最终获得的一个或多个设计结果只有较好与不好之分,而没有正确与错误之别,下面所展示的是实验性的设计作品。

1. 人体支撑物作品

图3-36是英国设计师为意大利品牌Moroso设计的一系

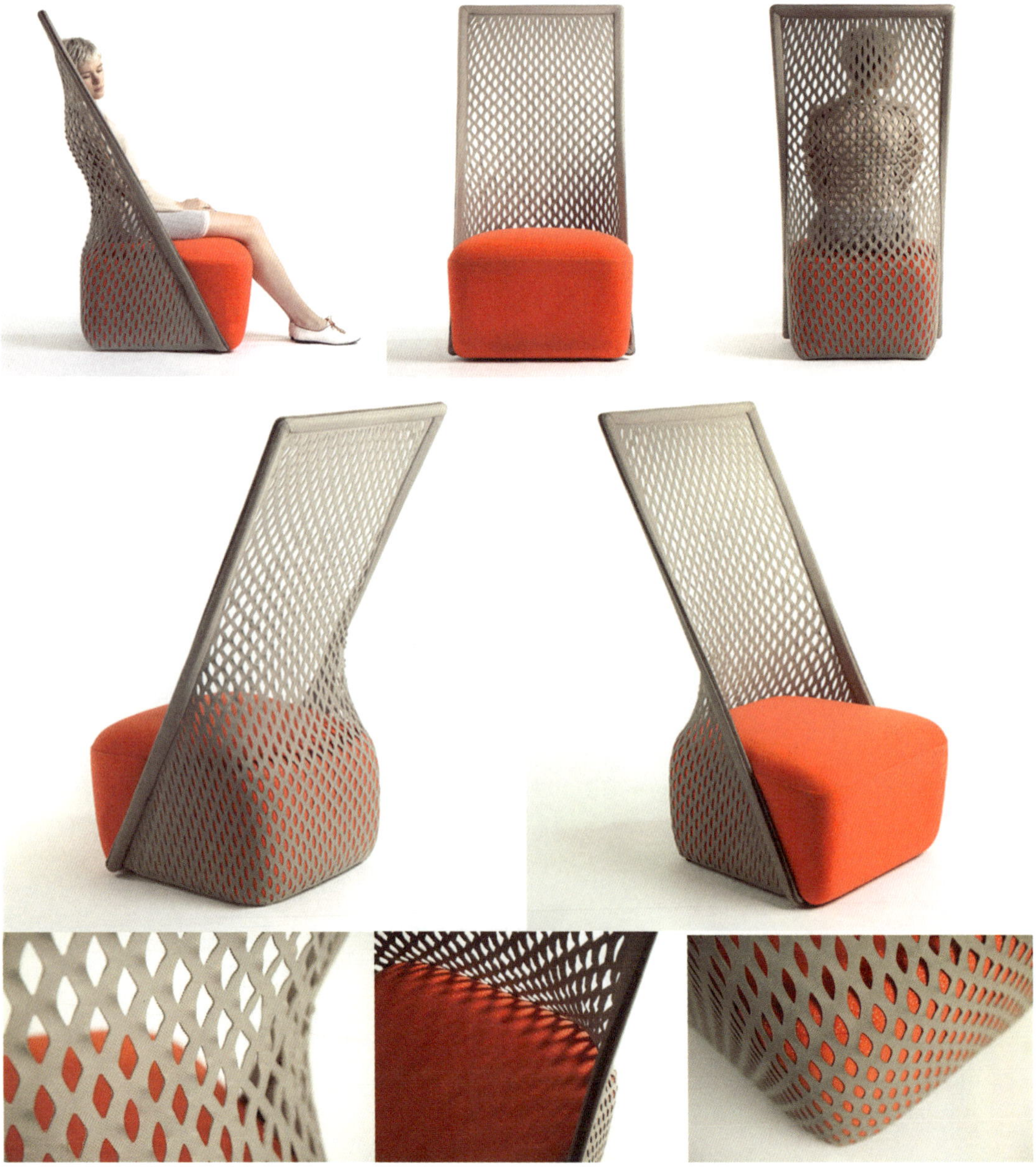

图3-36 休闲椅和茶几/benjamin hubert

列家具。这些家具在材料、工艺和结构设计上都有所创新。茶几采用全金属网制造，造型结构简洁大方，方形金属框架靠背与软垫形成对比，椅子靠背采用类似吊床形式，并采用网状纺织材料以保证其足够的弹性，坐垫采用软垫形式。

图3-37是把名为Peak休闲椅，是建筑与家具设计师Peter Qvist Lorentsen的设计作品。Peter本人是一个动态模型的爱好者，而这个Peak项目的灵感就是来源于此。Peak首先通过3D成像模拟出椅子的造型，接着再将它们分割成26个彼此分离的2D元件，然后就是在数控机床上将这些单个的原件分别压制出来并分体染色。最后一步就是将这些单个的原件拼装组合成为这个看起来"不知所云"的休闲椅。从视觉上来看，Peak的造型结构确实是够复杂的，但其实无论是它的线条还是组合工艺都堪称简约到了极致。而这也正是设计师想要通过这个作品传达给我们的理念：寻求简约与复杂交融中的设计张力。

图3-38是德国设计师Dahm Lee设计的创意橡皮带凳子，主体是金属框架结构，采用韧性出色的橡皮带编出凳面及内部的收纳空间，不但坐起来舒适，而且还能减少零碎杂物对家居空间的占用。

如图3-39至图3-44所示的为一系列学生坐具设计作品，该作品要求采用EVA等材料加工，设计一个能承受自己重量的支撑物，不得使用黏合剂，全部采用连接结构固定。

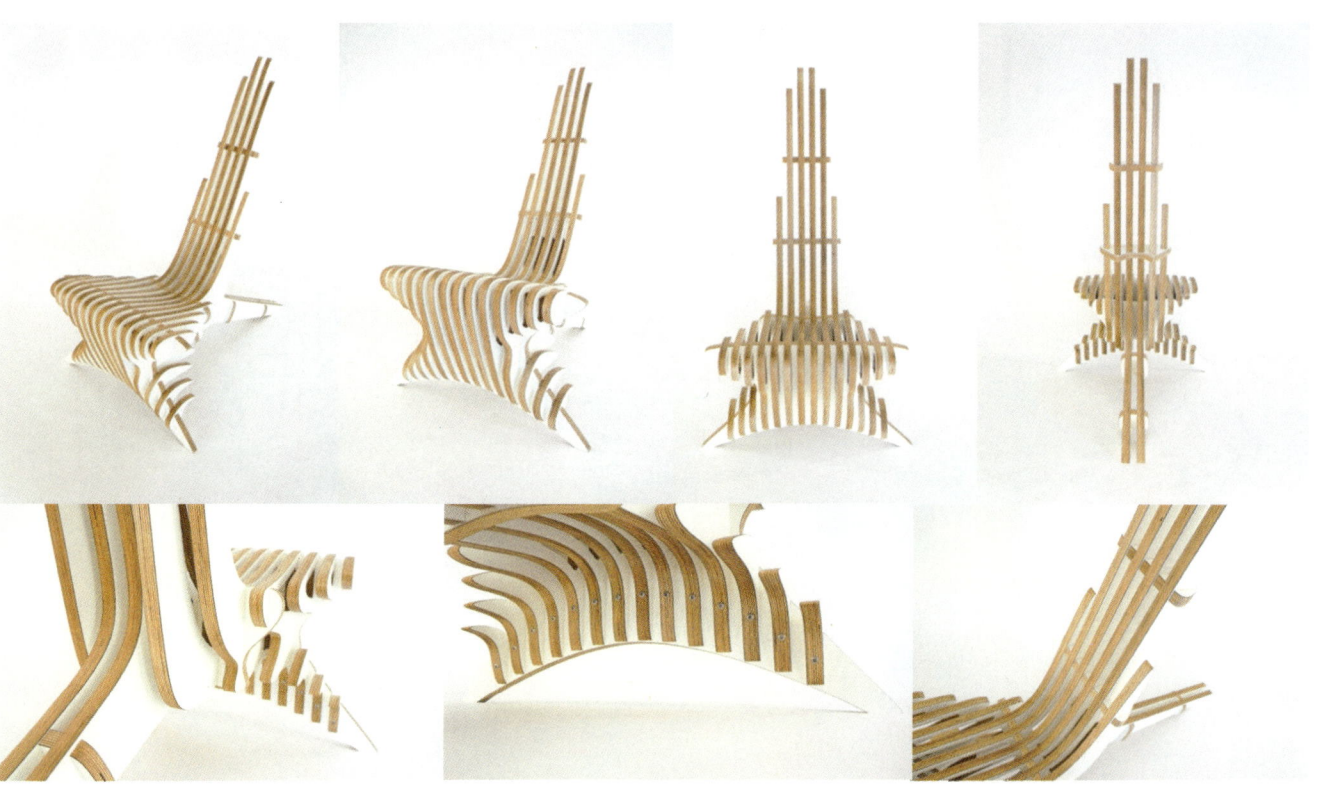

图3-37　Peak椅子/Peter Qvist Lorentsen

图3-38　创意橡皮带凳子/Dahm Lee

图3-39 人体支撑物/项仟花

图3-40 人体支撑物/徐敏菊

第三节 实验设计作品赏析

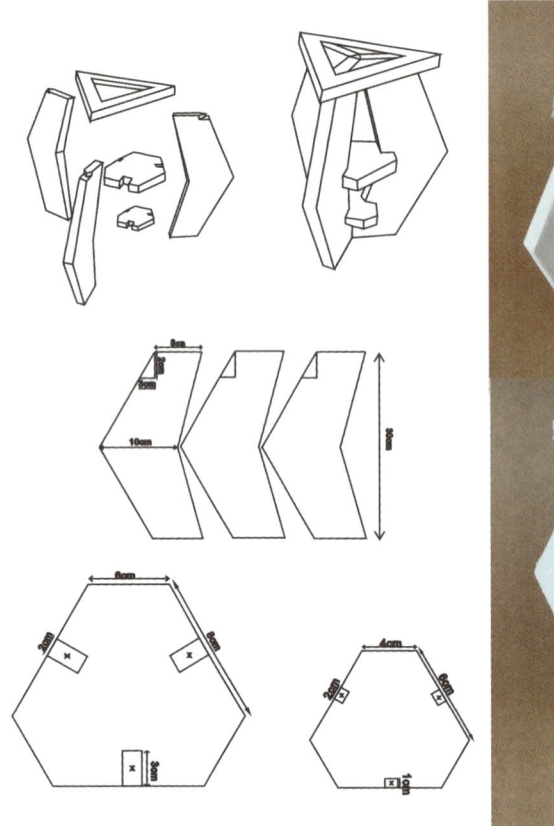

图3-41 人体支撑物/葛璐璐

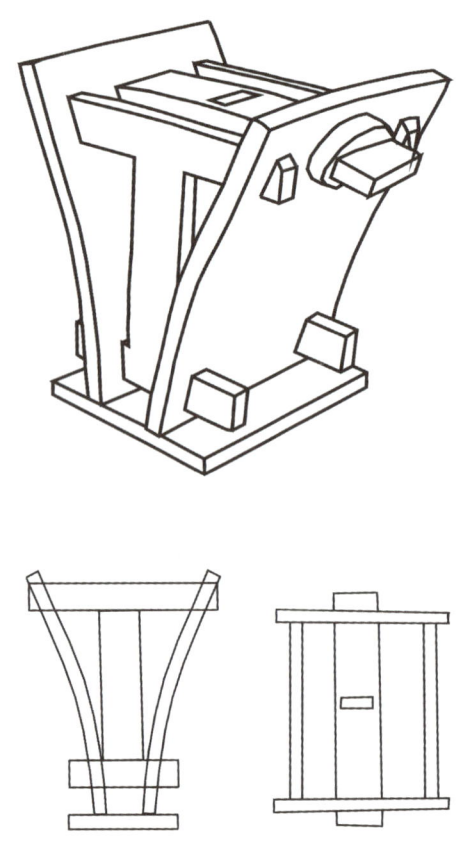

图3-42 人体支撑物/陈璐

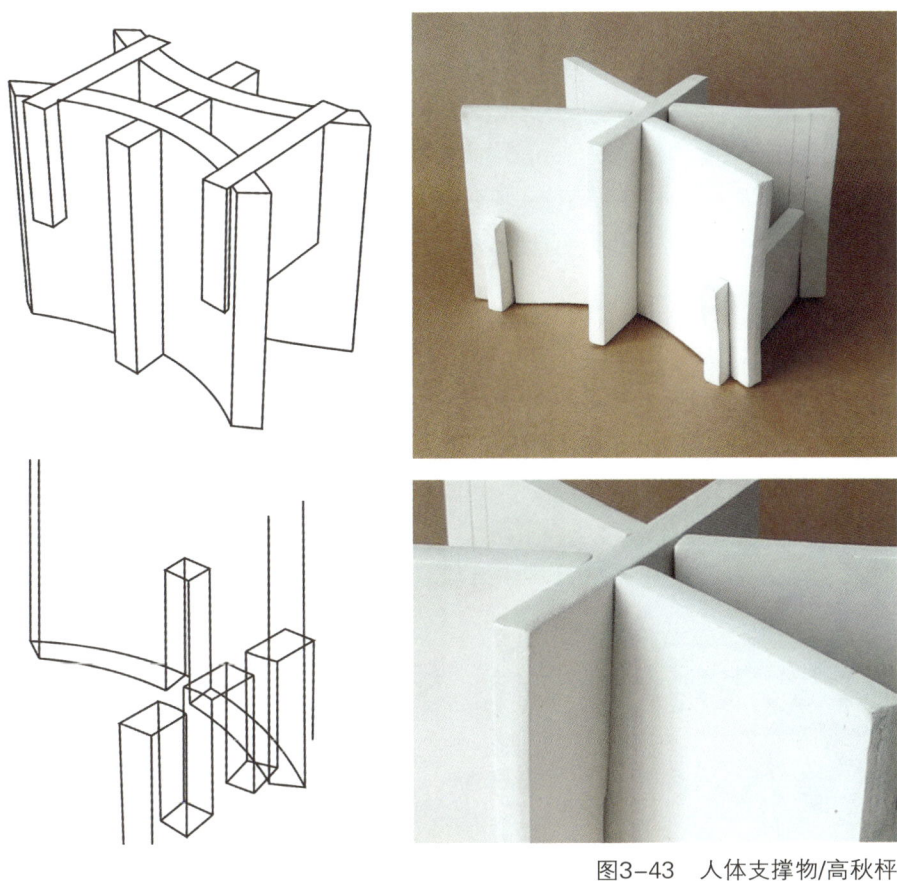

图3-43 人体支撑物/高秋枰

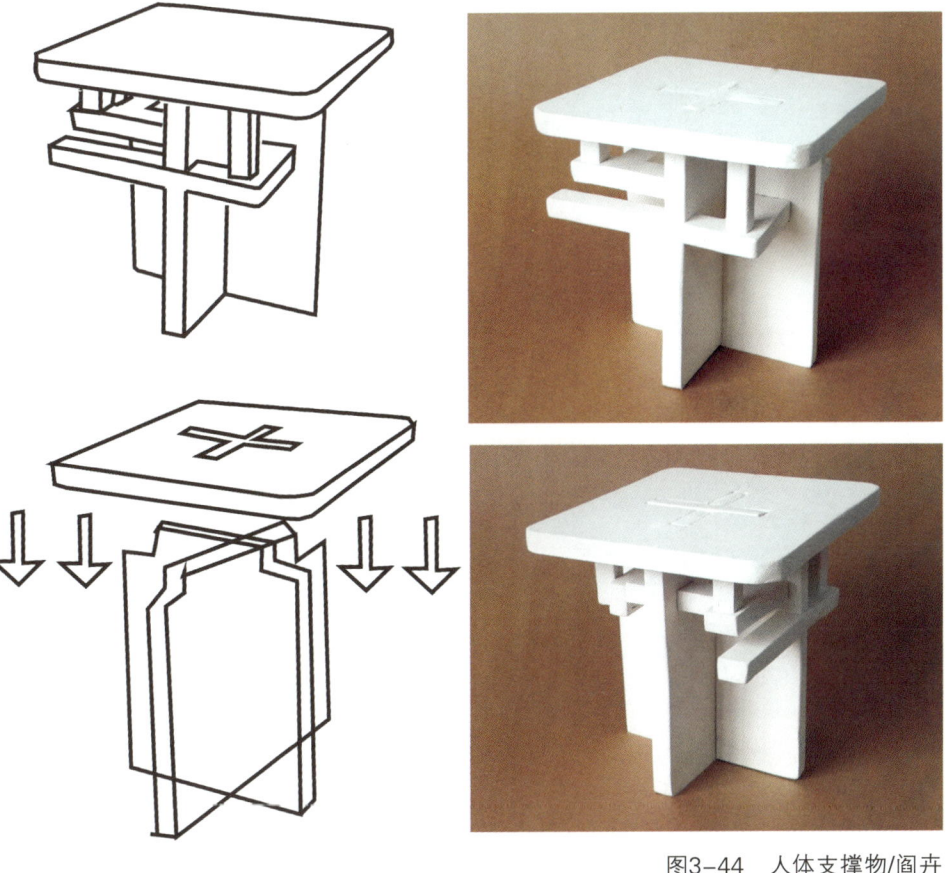

图3-44 人体支撑物/阎卉

第三节 实验设计作品赏析

2. 空间隔断作品

图3-45至图3-50为一系列作品以具有隔断功能的家具为设计对象，围绕空间的规划与分割为目标展开设计，作品很巧妙地将家具的收纳功能与隔断功能结合起来，实现一物多用，并且在家具内部空间设计上充分注重内部空间与外部空间的联系，虚实结合、内外融通，作品以瓦楞纸为主材，充分利用卡扣、折叠和榫卯结构实现连接，使作品环保、轻便又牢固耐用。

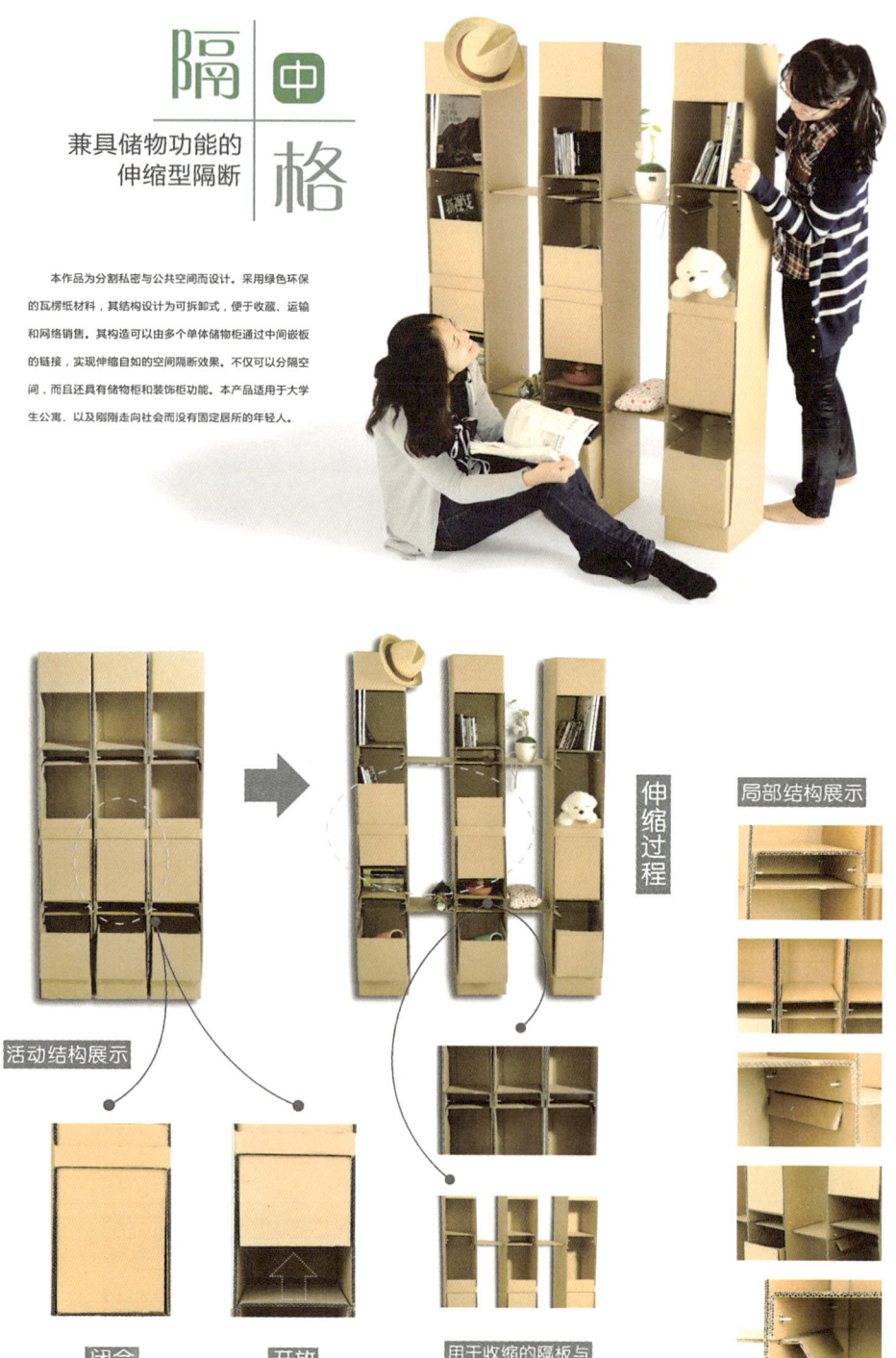

图3-45　隔中格/张素荣、夏晨笑、许黎杰

本作品以廉价的瓦楞纸为原材料,通过拼接穿插的方式组合而成,取名为"自由围度",用以表现其随意组合的特征,充分体现了作品经济、实用、方便的功能。作品整体表现的是一个独立的圆环或半圆环体,可根据体验者的喜好或者其生活空间的大小改变角度,形成具有自己特色的家居品,特别适宜于那些刚走入社会的大学毕业生,在减轻其生活负担的同时增加空间用以储物。其整体构造由10个单体单体宽穿形成360°,亦可多角度随意组合,给人一种自由、随意、惬意的生活质感。同时产品易于拆卸,适宜于运输、存放,适合那些网上购物者和网络经营者。此款家具可以一式多用,任意角度直立时,它可以是橱柜,可以是屏风隔断;随意平放时,它可以是茶几、桌子。总的而言,它是一款集储物、待客、隔断于一体的现代个性家具。

FREEDOM 自由韦度
多角度组合储物茶几

慵懒的午后,总有一个**角度**适合你

不经意的摆放,细心经营的生活

图3-46 自由围度/崔敏华、吕小娜、戴夏丹、方宇倩、沈金玉

第三节 实验设计作品赏析

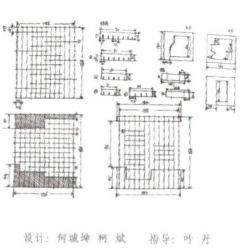
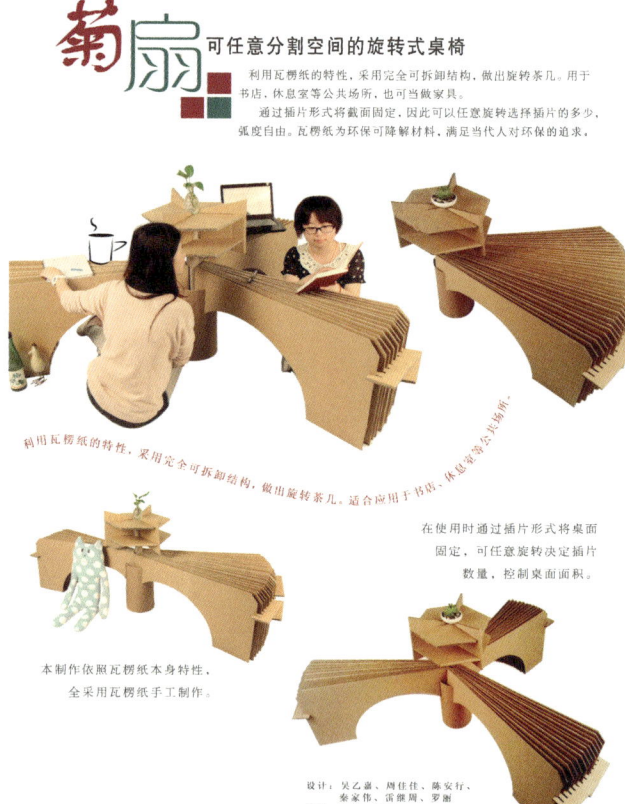

图3-47 情趣小舍/何城坤、范则敢、柯斌、杨小波、张凯

图3-48 菊扇/王芳、吴乙嘉、陈安行、周佳佳、王浩宇、罗丽

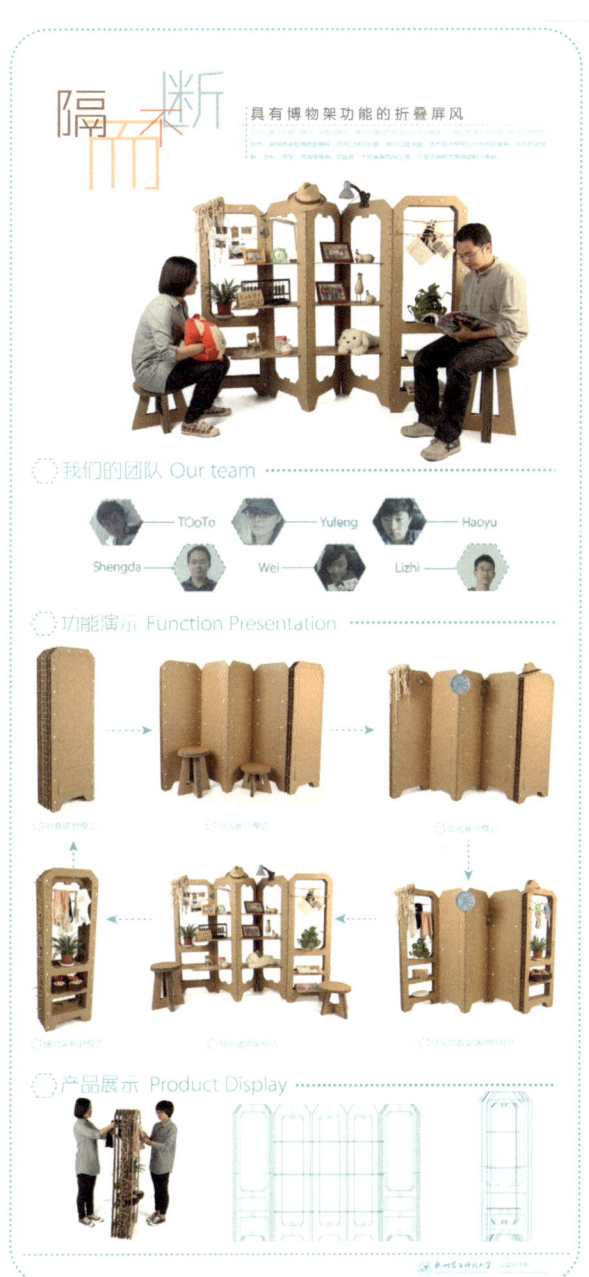

图3-49　几何生活/张榆敏、王梦雨、肖陈龙、占文君、钟练、郑晓阳　　　图3-50　隔而不断/刘定轩、陈玉凤、姜巍、陈胜达

3. 设计实验作品

设计实验是围绕需求出发，通过系统观察、分析潜在用户的特点，学生深入第一线发现问题，并通过设计研究、创意思考解决问题的方法。该设计实践强调通过主动搜集第一手资料，通过各种设计调研方法探寻设计问题，并通过设计原型制作，用户测试评估等方法对设计结果进行反馈，其要点是身临其境、亲身体验、换位思考和原型测试，以下图3-51至图3-60为学生设计实验作品。

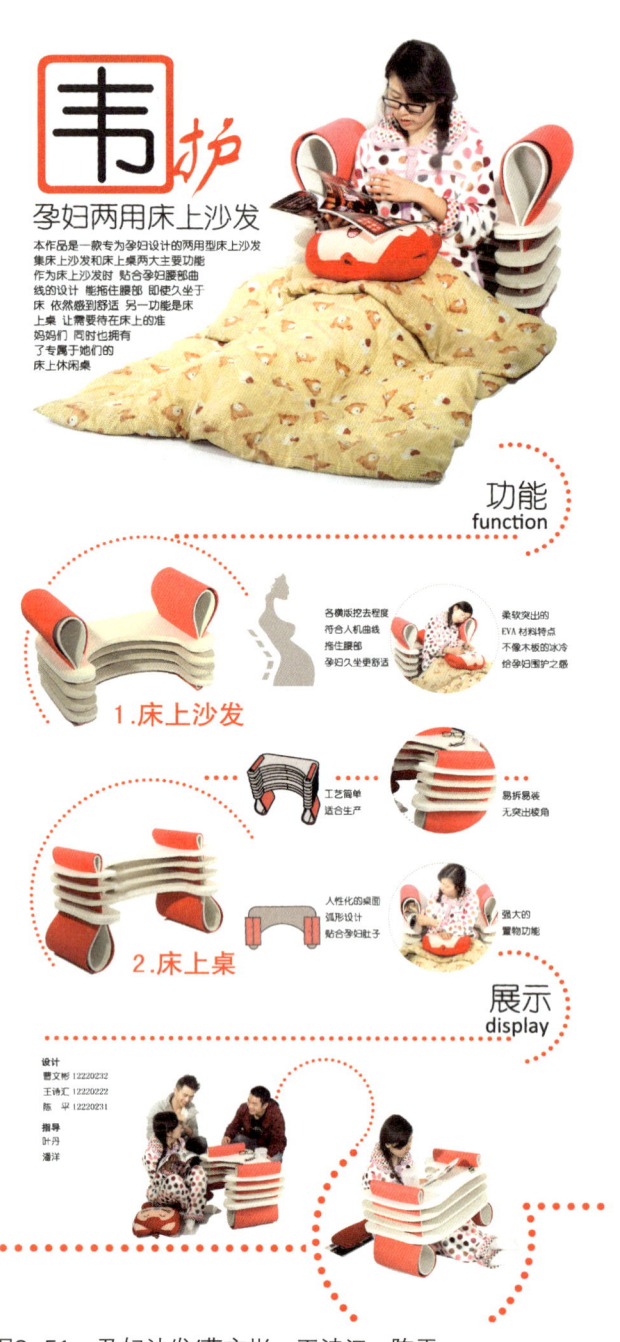

图3-51　孕妇沙发/曹文彬、王诗汇、陈平

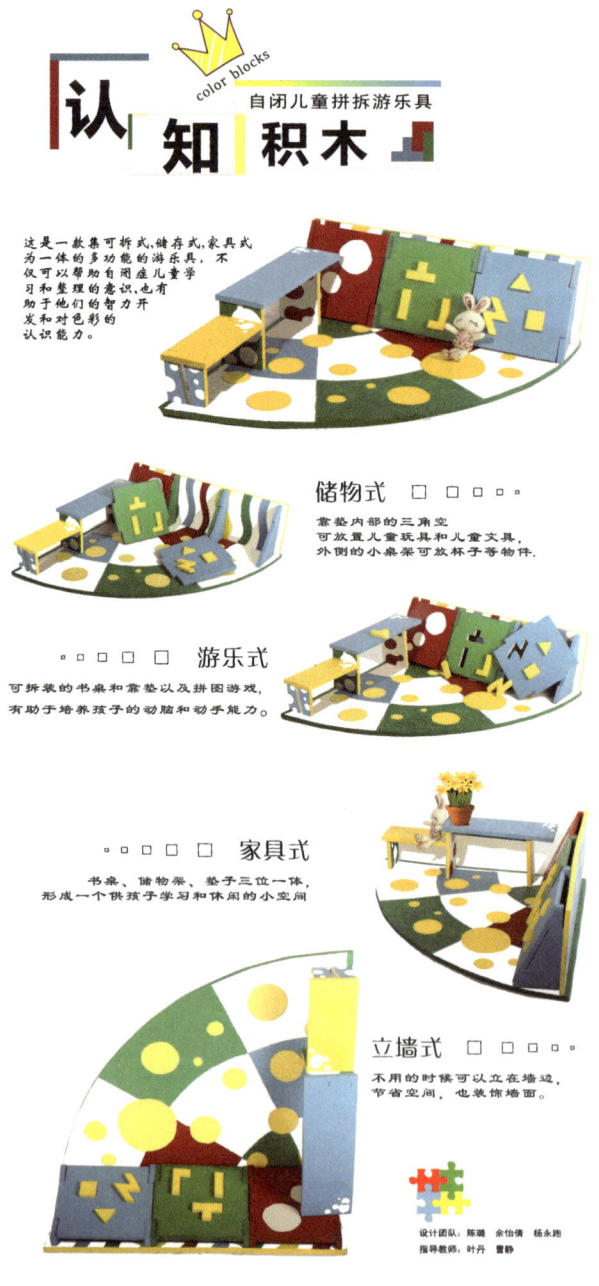

图3-52　认知积木/陈璐、余怡倩、杨永跑

作品以插接方式构成,便于拆装,且作品的材质便于搬运,可以增加孩子的动手能力。

插接所形成的空格可以用来放置小东西,便人们在使用其主要功能时更为方便。

作品形状以弧度为主,两个凳子的侧面特意作成不同的弧度,可以契合成一个整体,又可以分开放置。

3、趣无间

1、坐无间

作品高度的差别考虑到了大人与小孩的身高差,使亲子之间可以达到"平视"的效果,增加人们的亲密度。

亲子二人可以坐在上面以舒服的方式共用同一张凳子,一起吃饭工作和游戏,拉近了亲子之间的距离。

无间
亲子凳/亲子靠背

作者:朱淑娟、林小丽、马卓

这是一款以EVA为材料,利用插接方式而形成的产品。它将传统椅子的座面和靠背分别开来,成为单独的"亲子凳"和"亲子靠背"。高低不同的转换考虑到了大人和小孩的身高差别,使得大人坐低凳、靠高凳,小孩坐高凳、靠低凳,增加了亲子间的互动与舒适度。除此之外,插接所成的空格可以作为简小的收纳,充分利用了EVA轻便、有弹性、易于拆调的特性。

亲子二人可以通过这款产品相互依,一起看书,玩游戏,增加了亲子之间的互动性。

作品背面的弧度考虑到了人的背部结构,便人在靠的时候,背部可以和产品的弧度紧密贴合,增加了人们的舒适度。

2、靠无间

图3-53 亲子凳/亲子靠背/朱淑娟、林小丽、马卓

MiNi

设计:
于彤
林岚珣
郑美娟

家庭儿童游乐园

该作品以EVA为材料,通过四块均匀分布着小孔的EVA板形成可拆拼地板,根据孩子自由拼接形成多功能玩具,可供孩子在室内户外随心拆拼、自由玩变。

跨与跳
stride & jump

小天地
sit & play

钻与爬
go though & creep

随心拼
you & it

图3-54 家庭儿童乐园/于彤、林岚珣、郑美娟

第三节 实验设计作品赏析

图3-55　小鬼爱捣蛋/范卓群、王苗苗、戴思思　　　　图3-56　星奇屋/陆霏尔、陈渊静、周荧

小组成员 李敏茜/刘佳明/张玉蕾
指导老师 叶丹

与宠同行
travel Pet
——便携式宠物旅行箱设计

爱宠人士打算去旅游，却又不忍心看到宠物不舍的眼神，更不敢把它贸然交给宠物店寄养，既然这样，不如，带着狗狗去旅行吧！但在旅行中由于没有便于携带宠物的装置因此旅途总是有诸多不便。如果让宠物乖乖的呆在这个移动的窝里那它一定很乐意。它有良好的透气系统，而且侧窗设计可以更好的观察狗狗的状态，同时也不忘让宠物也欣赏一下路边的风景。

网状侧窗
便于宠物在箱内的通风透气，同时可以便于观察宠物在箱中的状态

宠物箱把手
在与行李箱分离时便于携带宠物箱，承重优良不伤手，受力均匀，更牢固可靠

圆孔侧窗
宠物可从箱内伸出头即便于喂食以及旅行中为宠物开启一扇观察世界的窗

按扣式连接
箱体依靠按扣式连接，可以在不需要使用时将其展开以便节省空间，箱体与行李箱之间也依靠按扣式连接，两者可进行分离

宠物便盘
放在宠物箱内，在宠物排泄时排泄物可以通过便盘的缝隙流入箱底部，保持宠物和箱内的洁净

图3-57

一箱温暖
可折叠箱式赈灾床
The disaster relieffolding box type bed

这是一张小床，也是一个小小的箱子，在灾难来临之际。只要发给大家这样一个箱子，便可以解决大部分的问题。箱子里放好了食物和水、被子、衣物以及灾区人民所需要的一切物品，在白天，可以把柜子拿出来单独使用，减小占地空间域面积，扩大它的适用范围与功能，使得灾区人民的生活更加方便，到了夜间的时候，还把它拆装成床，使得灾民睡的更加舒适。

设计者：田亚楠、蒋瑶瑶、范佳纳

箱子
不使用的时候折成箱子，节省空间，减小占地面积，底部加滚轮，方便运输

夜晚可以将它拆装成床使用，能够增加幸福感

床

柜子
箱子内部装有赈灾物品，赈灾过程中盒子能够拆出单独使用，放置水、食物、被子等日常生活物品

第三节 实验设计作品赏析

图3-58

收纳·移动

便于移动的人字形鞋架

设计：林豪 马晓曼 唐雅丽　　指导老师：叶丹

设计说明：

本款鞋架的设计受众主要面向大学生以及小户型家庭，该产品的设计理念是便于移动、节省空间，并巧妙地解决了用户对于鞋架多方面的需求。且本款产品形态大方结构精炼，美观实用。

结构展示

① 整体结构由两块支撑板和一条拉链构成，巧妙精炼，方便易用。

② 固定鞋子的结构采用上大下小的倒梯形结构，巧妙地解决了鞋子摆放的问题。

使用方式

悬挂式
① 将横面的拉链拉拢，立面的拉链拉开。

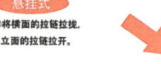
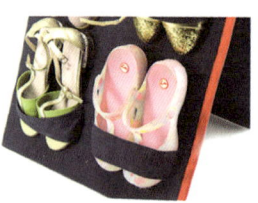

便携式
③ 双向拉链都拉拢后就能拎着走了。

落地式
② 将立面的拉链拉拢。

图3-59

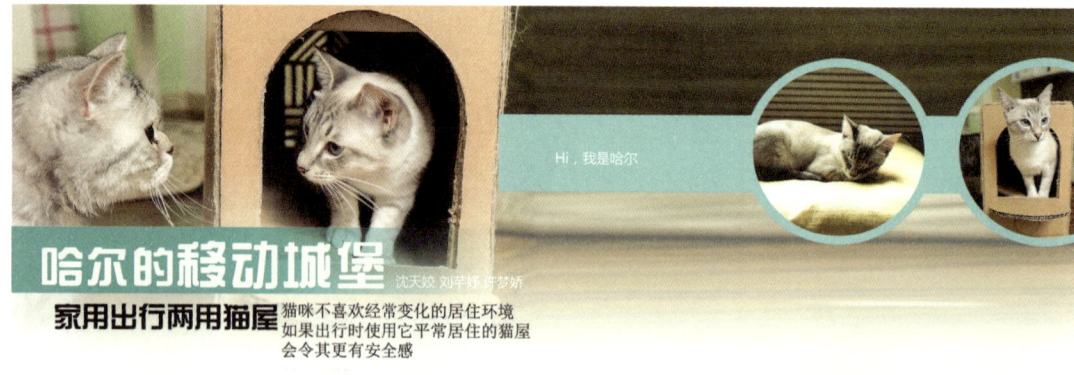

哈尔的移动城堡

家用出行两用猫屋　沈天姣 刘芊妤 卉梦娇

Hi，我是哈尔

猫咪不喜欢经常变化的居住环境，如果出行时使用它平常居住的猫屋会令其更有安全感

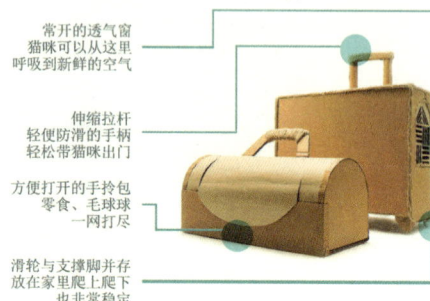

- 常开的透气窗
猫咪可以从这里呼吸到新鲜的空气
- 伸缩拉杆
轻便防滑的手柄
轻松带猫咪出门
- 方便打开的手拎包
零食、毛球球一网打尽
- 滑轮与支撑脚并存
放在家里爬上爬下也非常稳定

内室有30°角斜坡
城堡移动时
猫咪可以舒适地趴卧

抽屉式的猫砂盆

图3-60

参考文献

[1]（美）EricJensen. 适于脑的策略 [M]. 北京：中国轻工业出版社，2006.
[2]（美）JulieDirksen. 认知设计 [M]. 北京：机械工业出版社，2013.
[3]（瑞士）皮亚杰. 发生认识论原理 [M]. 北京：商务印书馆，1997.
[4]（美）S·阿瑞提. 创造的秘密 [M]. 沈阳：辽宁人民出版社，1987.
[5]（美）R. H. 麦金. 怎样提高发明创造能力 [M]. 大连：大连理工大学出版社，1991.
[6]（日）宫宇地一彦. 建筑设计的构思方法 [M]. 中国建筑工业出版社，2006.
[7]（美）EricJensen. 艺术教育与脑的开发 [M]. 北京：中国轻工业出版社，2005.
[8]（美）鲁道夫·阿恩海姆. 视觉思维 [M]. 北京：光明日报出版社，1986.
[9]（英）东尼·博赞. 思维导图 [M]. 北京：外语教学与研究出版社，2005.
[10]（美）诺曼·克罗，保罗·拉索. 建筑师与设计师视觉笔记 [M]. 北京：中国建筑工业出版社，1999.
[11]（英）布莱恩·劳森. 设计思维——建筑设计过程解析 [M]. 北京：知识产权出版社·中国水利水电出版社，2007.
[12] 刘道玉. 创造思维方法训练 [M]. 武汉：武汉大学出版社，2009.
[13] 傅世侠，罗玲玲. 科学创造方法论 [M]. 北京：中国经济出版社，2000.
[14]（美）文森特·拉吉罗. 思考的艺术 [M]. 北京：世界图书出版公司，2010.
[15] 冯崇裕，卢蔡月娥，（印）玛玛塔·拉奥，等. 创意工具 [M]. 上海：上海人民出版社，2010.
[16] 罗玲玲. 建筑设计创造能力开发教程 [M]. 北京：中国建筑工业出版社，2003.
[17]（美）盖尔·格里特·汉娜. 设计元素 [M]. 北京：知识产权出版社·中国水利水电出版社，2003.
[18] 谷振诣，刘壮虎. 批判性思维教程 [M]. 北京：北京大学出版社，2006.
[19]（美）奈杰尔·克罗斯. 设计师式认知 [M]. 武汉：华中科技大学出版社，2013.
[20] 叶丹. 用眼睛思考——视觉思维训练 [M]. 北京：中国建筑工业出版社，2011.
[21] 郑建启，李翔. 设计方法学 [M]. 北京：清华大学出版社，2012.

学习网站

http://www.51design.com/index.php
http://www.billwang.net
http://www.dolcn.com/
http://www.visionunion.com/
http://www.chinavisual.com/
http://www.foreidea.com/
http:// www.core77.com
http:// www.designboom.com
http://go.cndesign.com/
http://www.design-era.com

http:// www.infodesign.com.tw
http://www.uschinabusiness.com/union/design.htm
http://www.cida.org.tw
http:// www.design-report.de
http:// www.designmp.com
http://www.designaddict.com
http://www.ddc.dk
http://www.designfrance.tm.fr
http://www.icsid.org
http://www.jidpo.or.jp

  去年五月在江南大学开会，看到了这套由中国轻工业出版社新出的设计系列教材。翻开目录就看出了这套教材的不同寻常之处：有概念、有方法、有深度。就像总主编林家阳教授所说，是一支具有国际视野和责任感的编委团队精心策划的结果，和策划编辑毛旭林沟通了一段时间后，我们决定加入这个阵营。

  本书的教学内容是作者近十年的教学积累，课程名称是"基础设计"。基础设计课程是研究设计实践中的一些基本规律。所谓"基本规律"，就是用不断改善的姿态关注周围的一切，从基本功能出发创造一种人造事物而不是简单的物，可以不考虑市场、不考虑具体生产条件，虽然简单，却是超前的、概念的。以此为教学理念开发了一系列教学课题，这些课题不仅仅是设计技能的训练和创意工具的使用，最主要的是设计思维的拓展训练，所以和编辑商量以后把书名定为"设计思维"。本书不仅是工业设计、产品设计专业作为设计基础课程的用书，还可以作为环境设计、包装设计、多媒体艺术设计等专业思维训练课程的用书。不足之处，望专家、同行批评指正。

杭州电子科技大学 叶丹

2015年5月4日